前言

成功者常云：「天機不可洩露。」然後，他們再將令自己醍醐灌頂、逆流而上的天機箴言束之高閣，絕不輕易示人。

因為那些乍時令人感到晦澀、玄奧的天機，其實太接地氣、可行性實在太強。所有人都能實踐的東西，自然要反覆包裝，讓旁人不能輕易起覬覦之心。鳳凰不介意枝頭多站幾隻烏鴉，但一定介意身旁多站一隻鳳凰。

曾國藩仕途不順，自暴自棄時，被歐陽兆熊的「岐黃可醫身病，黃老可醫心病」一句話點醒，從而一步登天，立下不世之功。人想要開悟，很多時候，其實就是一瞬間、一句話的事。

我們精心摘取九十九條古今中外醍醐灌頂，一語道破天機的箴言、警句，包含修身智慧、哲理名言、為人處世、世態人心等多個方面，並將其匯總成書。其初衷，便是為了幫助處於人生不同階段的讀者，都能找到困擾其當下人生的癥結，從而對症下藥，達到開悟、開智、開竅的療效。

在本書中，我們把這些凝練的箴言，掰開了、揉碎了擺在明面上，絕不語焉不詳，絕不秘而不宣。這些話初聽刺耳扎心，但細一琢磨，全是人生的鹹、生活的辣。

書中的句子很短，但其中的道理很長；平庸地活著很簡單，但過好自己的一輩子很困難。希望翻開此書的讀者都能開卷受益，都能做一個生活在複雜世界中的明白人。

目錄

從此開始，

句透人生。

天下熙熙，皆為利來；天下攘攘，皆為利往

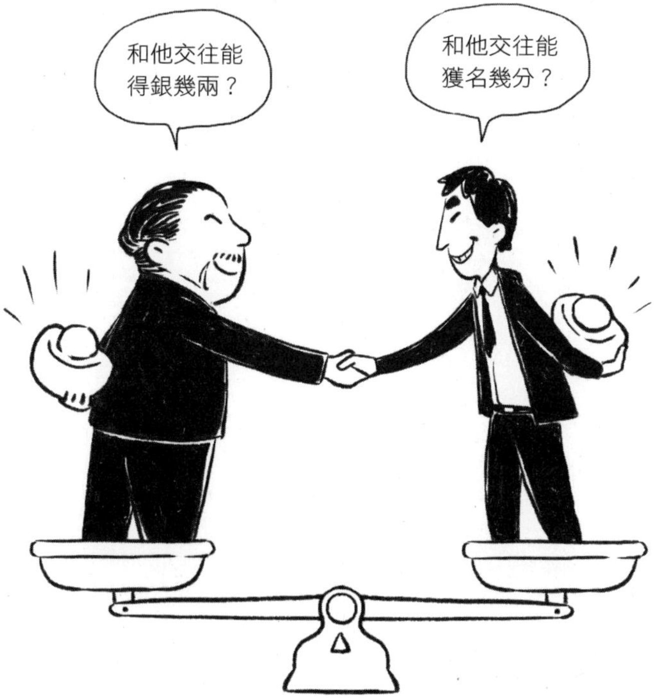
和他交往能得銀幾兩？
和他交往能獲名幾分？

清朝年間，乾隆皇帝下江南時，停經金山寺，他問當時的高僧：「長江中船隻來來往往，這麼繁華，一天到底要過多少條船啊？」

高僧回答：「只有兩條船。」乾隆問：「怎麼會只有兩條船呢？」高僧說：「一條為名，一條為利，整個長江之中來往的無非就是這兩條船。」

利益，是推動世界前進發展的源動力。學會分配利益，進可謀國，退可謀身。

但「利」字更是把雙刃劍，稍有不慎，就會害人害己，在觸碰利益的同時，必須保持誠信和道德準則，方能立於不敗之地。

悲觀是一種遠見，鼠目寸光的人，不可能悲觀

師弟啊，你難道沒有聽過「一個和尚挑水喝，兩個和尚抬水喝，三個和尚沒水喝」嗎？我這是在為以後考慮啊。
師兄，你為什麼要下山啊？
杞人憂天……

真正的悲觀者往往具有長遠的眼光，因為他們看到了潛在的風險和困難，而短視的人卻只能看到眼前的利益和安逸。

一手開闢了開元盛世的唐玄宗，在執政中期，便開始沉浸在萬國來朝、千秋萬代的春秋大夢中，癡迷享樂，荒廢朝政。當他不再悲觀時，安史之亂爆發，大唐盛極而衰。

悲觀並非消極，而是一種基於對現實深刻理解的預見。許多人過於樂觀，忽視潛在的風險和挑戰。在經濟繁榮時期，一些投資者盲目追求高回報，忽視了市場波動的風險，最終在經濟危機中遭受巨大損失。

相比之下，那些具有遠見的人在投資時更加謹慎，他們能預見市場的變化，並採取保護措施，最終保全了自己的財富。

唯有培養長遠的眼光，看到潛在的風險和挑戰，不被短期的成功和繁榮所迷惑，才能在千變萬化的社會中保持穩健發展。

三思而後行：

思危、思退、思變

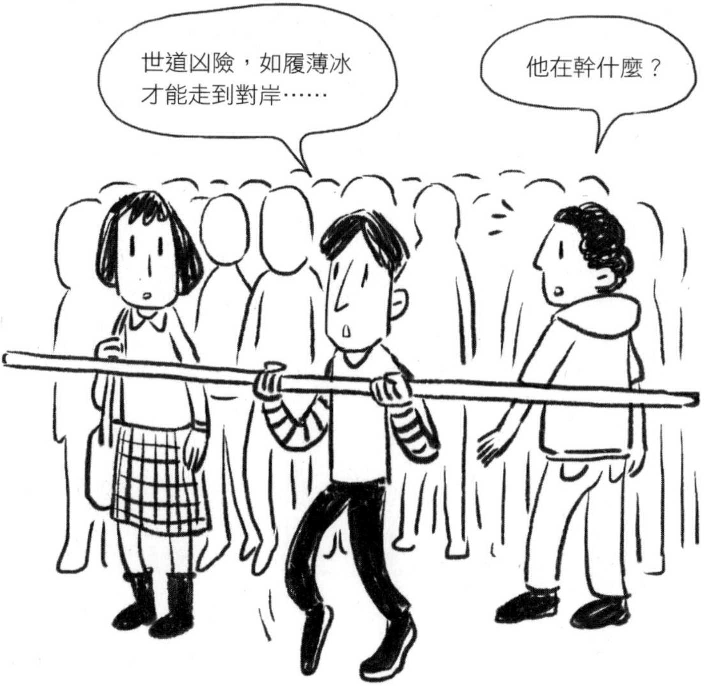
世道凶險，如履薄冰
才能走到對岸……
他在幹什麼？

三思而後行，居安思危，欲進思退，欲通思變。在安逸的氛圍中，要有危機意識；在矛盾的局勢內，要有退步的果斷；在變化的大勢下，要有變通思維。正所謂水滿則溢，月滿則虧。

知道了危險就能躲開，這就叫思危，躲到人家都注意不到你的地方，這就叫思退，退了下來就有機會，再慢慢看，慢慢想，自己以前哪裡錯了，往後該怎麼做，這就叫思變。

春秋年間，越王勾踐在范蠡與文種的輔佐下擊敗吳國，成就霸業。之後范蠡及時思危，察覺到伴君如伴虎的危險；然後思退，毫不猶豫地離開官場；最後思變，棄官從商，成就一代「商聖」美名。而做事不三思的文種，最後落了個被逼自刎而死的下場。

人生長路漫漫不可知，沒人知道下一步會發生什麼，只有在面對誘惑與危機時，時刻三思，人生才能得安、得進、得通。

人一生三碗面最難吃，即情面、體面和場面

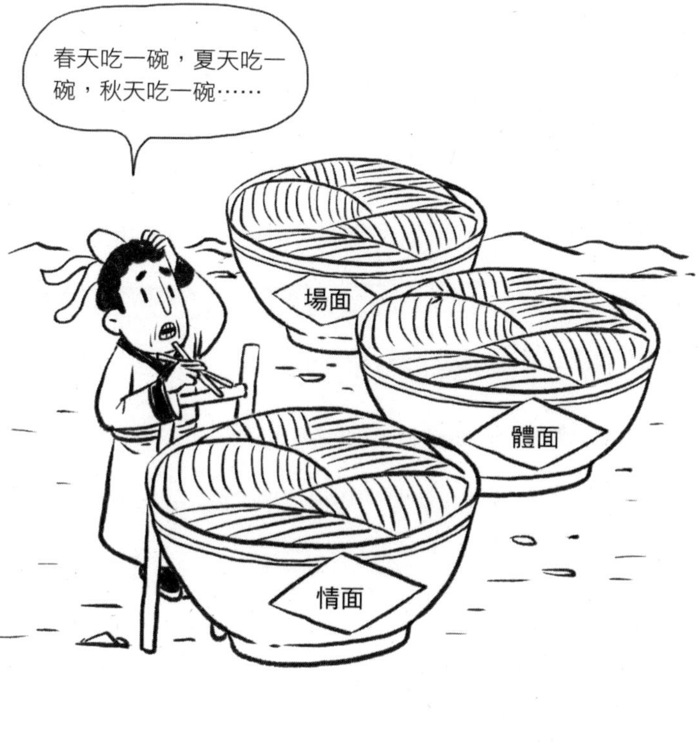
春天吃一碗，夏天吃一碗，秋天吃一碗⋯⋯
場面
體面
情面

體面，即做事要恰如其分，不失身分。哪些事情該做，哪些不該做，每件事應以何種姿態和形象去做，都需要講究。

情面，即指私人之間的情分和面子。據傳，上海有位著名商人一向重交情，常說：「**錢財用得完，交情吃不光**。所以別人存錢，我存交情。」

場面，則是排場。所以很多人發跡後非常講究排場，不僅在大活動中展現自己的氣勢，還身兼數職，風光無限。排場的內核是「用勢」，也是「借勢」。

由此可見，無論你是成功人士還是普通員工，都需要考慮清楚自己的定位，選擇做與身分相符的事情，並在此基礎上，兼顧體面、情面和場面。

如果一個人能將這三碗世上最難吃的「面」吃進肚裡，成功自然手到擒來。

鼠在所居，人固擇地

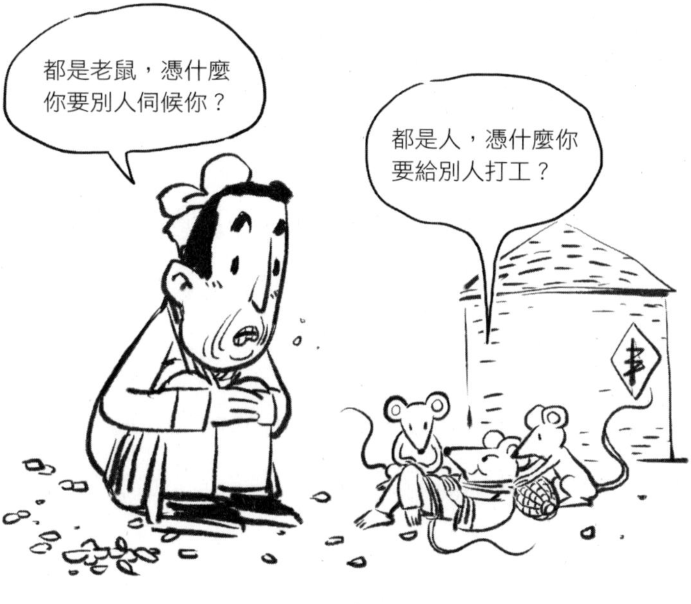
都是老鼠，憑什麼你要別人伺候你？
都是人，憑什麼你要給別人打工？

秦相李斯年輕時，在楚國當小吏，看到小吏住的地方廁所裡的老鼠骯髒不堪，吃不潔之物，每當有人或狗走近的時候，老鼠總是受驚害怕。

之後他去了糧倉，在糧倉又看見一隻老鼠，糧倉的老鼠肥胖光鮮，吃的是糧食，見人也不怕，大搖大擺，優哉閒適。於是，他發出了上面這句感嘆，意識到一個人所處的環境對於其人生的重要性，這才有了他之後拜師荀子，入秦為相的經歷。

香港有位富豪，認為**窮人之所以窮，是因為太懶。**於是一檔綜藝節目邀請他體驗幾天清潔工的生活，看他在沒有外力的幫助下，多久才能賺到人生的第一桶金。而他幹了沒幾天，便被艱苦的生活環境磨滅了一開始的心性，開始擔心付不起房租而被趕出「鴿子籠」。

這時，他才意識到，人能不能成功，很多時候取決於自身所處的平台。

君子群而不黨，
小人黨而不群

君子與人為善，廣結善緣，不結黨營私；小人則結黨營私，排除異己。

北宋名臣范仲淹，以廉潔自律、忠誠為國著稱。他在官場上廣結善緣，結交了一大批志同道合的朋友，但他從不結黨營私。當他推行改革時，儘管遭遇重重阻力，但他始終堅持原則，廣泛團結那些認同他的理念的人，共同推動變法。最終，他的改革措施為後來的王安石變法奠定了基礎，成為一段歷史佳話。

反觀小人**結黨營私，往往導致內耗和紛爭**。明朝的魏忠賢透過拉攏宦官和官僚，形成利益集團，排斥異己，導致政治黑暗、朝綱紊亂，加速了明朝的滅亡。

君子之交淡如水，重在原則與信念的共鳴，結黨營私不僅損害他人，更會禍及自身。

這個世上，

只有兩種人心無妄念，

一是死人，二是神人

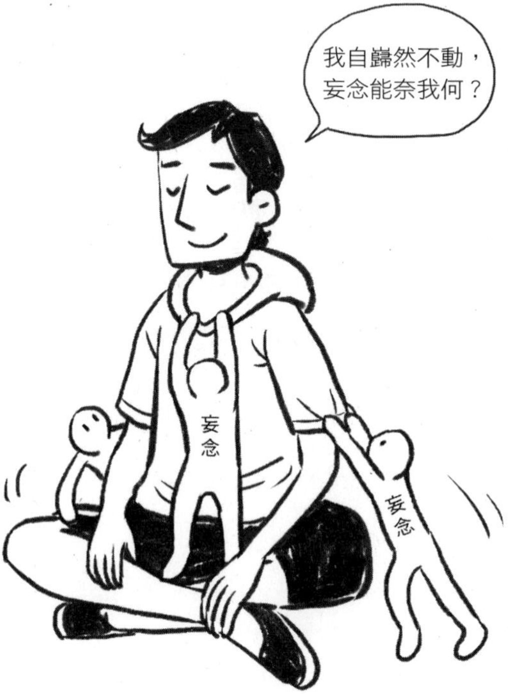
我自巋然不動，
妄念能奈我何？
妄念
妄念

普通人在世俗中掙扎，難免有妄念，不正視妄念，乃焦慮源泉；徹底無妄念的境界，同樣難以企及。

接受自己的不完美，才能與妄念共處；不被欲望所控制，才能保持內心的平衡。

唐代名將郭子儀在功成名就後，依然能保持謙遜的態度，從不因功高震主而滋生妄念，最終得以善終；一代名士陶淵明，雖生活貧苦，卻總能怡然自樂。

人心總是高了還想高，這是天性使然。可若不給自己的欲望加一把鎖，那人心便會成為妄念的大本營。

我們既不能被妄念操縱，也不能無視自身的妄念。我們應當像陶淵明那樣，尋找內心的寧靜，或像郭子儀那樣，保持清醒和謙遜。

保持內心的平衡，是實現自我價值和幸福的秘訣。

世界的本質，就是一個巨大的草台班子

我向大家保證，我們的實力絕對堅強，我們的公司全是由高素質人才組成的！
沒錯，我們跟那些小孩扮家家酒的公司有本質的區別。

看似嚴謹的社會法則和完美運轉的世界，其背後都存在一定的脆弱和虛假。

看起來雷厲風行的職場精英，其實能力可能並不比我們強；很多成功人士一聊起我們熟知的領域，我們才發現他們的見識原來如此淺薄……

20世紀20年代，華爾街的股票市場表面上繁榮無比，投資者們沉浸在股票不斷上漲的喜悅中，認為自己抓住了財富的鑰匙。

然而，1929年的股市崩盤揭示了觸目驚心的真相：大量公司財報造假，投資者的信心建立在沙灘上，整個金融體系如同一個草台班子，瞬間坍塌。

以小見大，世界看清了所謂「金融繁榮」背後的脆弱，明白了**沒有什麼事物是一成不變、堅不可摧的。**

世界雖是草台班子，但我們更要將自己當成主角，不斷提升自己，才能在這個紛紜複雜的世界中找到自己的定位。

君以此興，必以此亡

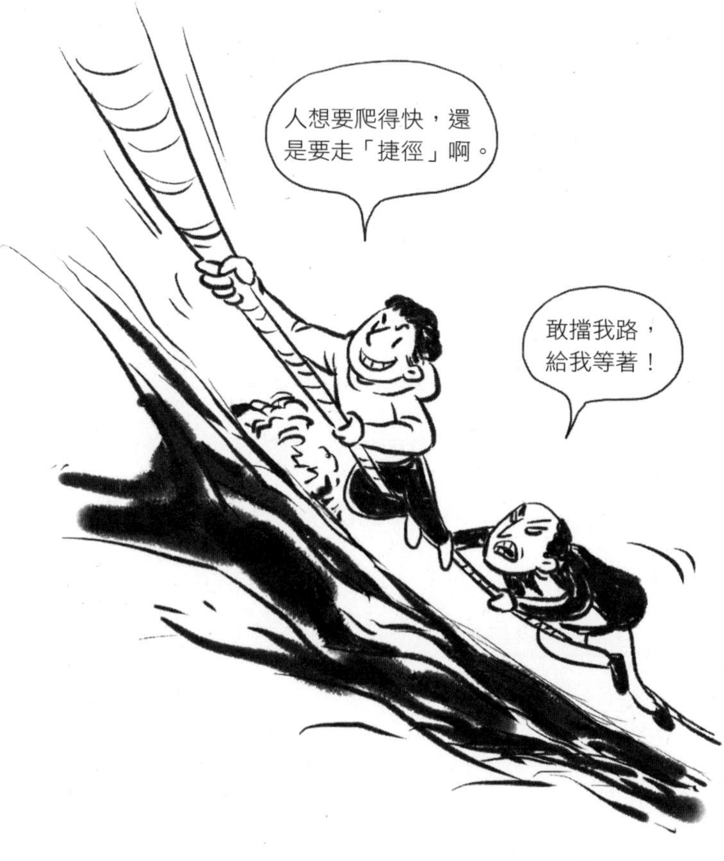
人想要爬得快，還是要走「捷徑」啊。
敢擋我路，給我等著！

成功的因素一旦失控，往往會成為失敗的根源。一個人可以靠不擇手段強大起來，但最後，也肯定會因此滅亡。

秦始皇透過嚴苛的法制和高效的行政手段，實現了空前的統治。然而，秦朝也因此崩潰。焚書坑儒、勞役繁重、苛政暴斂，使得民怨沸騰，短短十幾年後，秦朝便在農民起義的風暴中瓦解。

有人靠投機倒把腰纏萬貫，有人靠打擊異己身居高位……不打好地基便蓋起的高樓，終有一日會轟然倒塌。如果將歪門邪道視為「成功法則」，不知懸崖勒馬，及時修正，僵化和內耗立刻就會滋生。**唯有清醒與正義，才是通往成功的真正的捷徑。**

不要向愚者預示災難，因為他們就是災難本身

說什麼山上有老虎？
這裡又不是景陽岡，無非是黑店騙人留宿的說辭！
還好我聰明機智………
好言難勸，
活該死鬼啊！

普通人能活明白已是萬幸，渡人的事就交給聖人來做。

明朝末年，有一人傳告鄰里鄉親，說戰爭與災荒即將爆發，要抓緊存糧，以備不虞。

人們以為他瘋了，無不鄙夷、嘲笑。

後來天災人禍一併爆發，人們斷糧了，他們斷定預言者家有存糧，於是蜂擁去搶，還拷打此人，詢問藏糧之地，最後活埋了此人一家人。

不要向愚者預示災難，因為他們就是災難本身。

愚人恨智者，甚於怨恨災禍。

當你被愚者包圍時，那聰明也是一種災厄。

沒有人願意承認自己錯了，別人是對的。

古往今來，面子一向比真理「重要」。

我們要在複雜多變的世界中保持清醒與理智，不斷提升自己的判斷力與決策能力。同時，也要學會尊重他人的選擇與決定。

自暴者，不可與有言也；
自棄者，不可與有為也

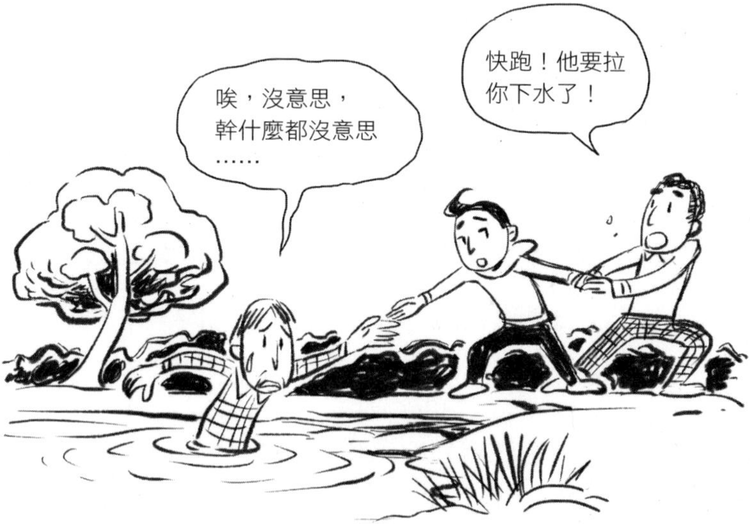
唉，沒意思，
幹什麼都沒意思
……
快跑！他要拉
你下水了！

有些靈魂，根本不值得我們浪費時間與其產生共鳴。自我放棄、言語間充滿負能量的伴侶，是無底的黑洞，不斷吞噬著周圍的光與熱，讓每一次交流都成為負擔，而非成長助力。

有人因為遭遇挫折或失敗而一蹶不振，放棄了自己的夢想和追求；有人則因為懶惰和懈怠而停滯不前，任由自己的生活和事業陷入困境。他們不甘於自我墮落，與人交流時，話裡話外，都想拉他人下馬，共墜深淵。

與自我設限、拒絕前行的人同行，只會背道而馳，最終沉沒於平庸的汪洋。正所謂：「近墨者黑，近朱者赤。」久居鮑魚之肆不覺其臭，久居芝蘭之室不覺其香。

選擇同伴，不僅是聊慰寂寞，更是選擇一種正確的生活態度和價值觀。

拿捏不了自己，就要被他人拿捏

連自己要幹什麼、吃什麼都決定不了的人，卻想去拿捏他人，是最可笑的事。拿捏是高級手段，是處世利器，打鐵還需自身硬，三歲小兒舉起玄鐵重劍，便想讓他人畏服。殊不知在他人眼中，這種行為很可笑。

自己實力不濟時，要默默積蓄力量；對手過於強大時，要學會忍讓、示弱。人若要成事，一要拿捏得住自己的行為，二要拿捏得住自己的脾氣。

越王勾踐初登大位，不自量力，調兵伐吳，結果一敗塗地。這就是沒拿捏住自己，結果就被他人拿捏了。而當他開始臥薪嚐膽，隱忍不發，克制住自己的欲望與野心後，三千越甲便能吞吳，終成霸業。

真正的強大，始於自我掌控。只有當你能夠堅定地拿捏自己，懸崖上才能開滿鮮花。

反者道之動，弱者道之用

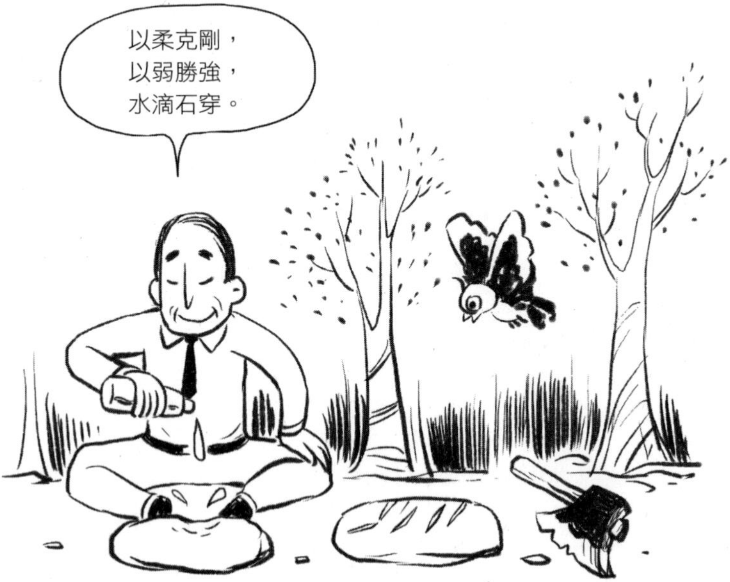
以柔克剛，
以弱勝強，
水滴石穿。

世間萬物，往往在看似背道而馳中孕育著前進的力量。正如四季更迭，冬之沉寂孕育春之生機。在職場與生活中，面對挑戰，我們不必急於正面硬碰硬，適時地**以退為進，反向思考，往往能開闢出意想不到的新途徑**。

真正的強大，不在於外在的張揚與征服，而在於內心的柔韌與順應。正如流水穿石，非力使然，而是持之以恆，以柔克剛。在人際交往中，學會傾聽，懂得示弱，往往能贏得更多的尊重與合作。

事物永遠存在對立的兩面，兩面之間永遠相互運動、轉化，在臨界點變回原本的模樣。即，物壯則老。再比如，大曰逝，逝曰遠，遠曰反。在反轉中尋找機遇，在柔弱中鑄就堅韌，如此為成事正道。

成年人的世界，只篩選，不教育

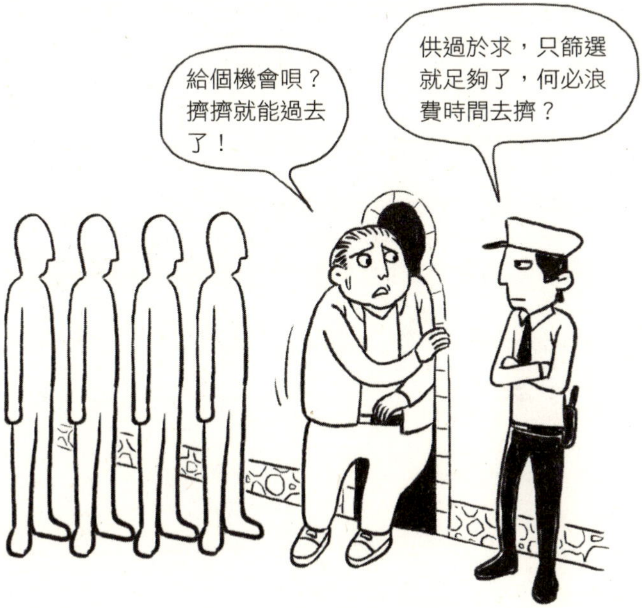
給個機會唄？擠擠就能過去了！
供過於求，只篩選就足夠了，何必浪費時間去擠？

兒時，你是他人船上的客；長大後，你就變成了獨立的船。

小時候你做錯事了，有人手把手教導與指引你。但在成年人的世界裡，每個人都是自己命運的舵手，有責任也有能力去篩選那些與自己同頻共振的人和事。這也是為什麼很多公司都要求面試，而不是培訓；有試用期，而沒有教學期。

成年人的時間與精力都很寶貴，他人如此，你也一樣。不是每個人都值得你付出時間和精力，更不是每個錯誤都值得你停下腳步去糾正。

篩選，是一種成熟的自我保護機制，也是一種高效的生活哲學。我們不光要被他人篩選，也要學會篩選他人。我們要學會透過言談舉止、價值觀乃至微小的生活細節，去快速判斷並篩選出那些能夠相互成就、共同成長的夥伴。

而對於那些無法同行的人，我們則要禮貌地保持距離，避免無謂的摩擦與消耗。

金杯共汝飲，白刃不相饒

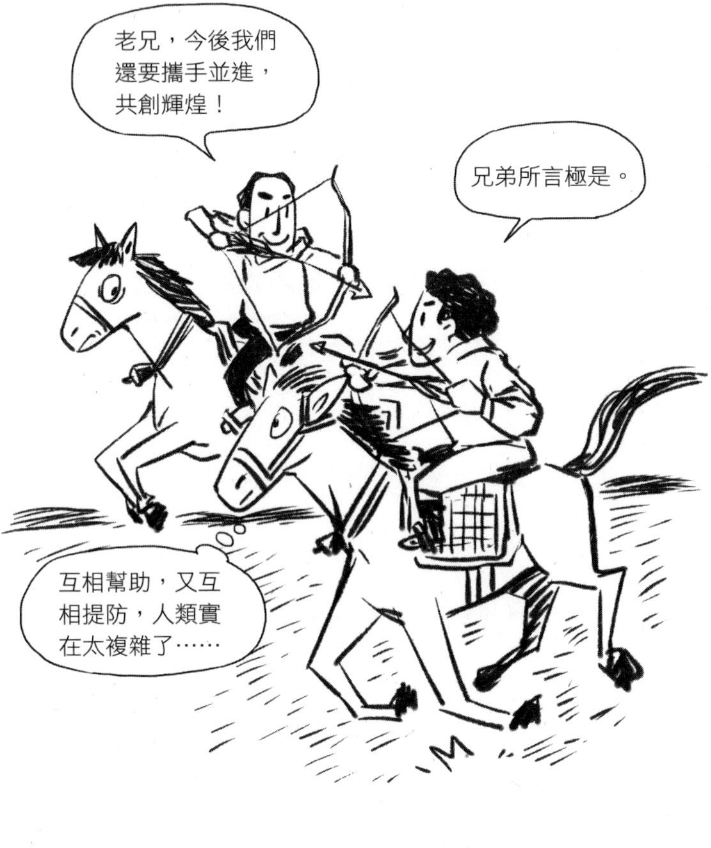
老兄，今後我們還要攜手並進，共創輝煌！
兄弟所言極是。
互相幫助，又互相提防，人類實在太複雜了……

有時候，情誼在利益面前會變得弱小。

歷史中，韓信成也蕭何敗也蕭何；職場上，某些同事表面上和你稱兄道弟，背地裡卻在老闆面前打你的小報告，與你爭奪升職機會。類似的例子比比皆是。人性很多時候經不起考驗，不要輕易相信所謂的「朋友」。

在交友時要保持警惕。**與其盲目相信他人，不如保持適當的距離和防備**。要明白，真正的朋友不會因為利益而傷害你，而那些在利益面前選擇背叛的人，根本不值得信任。

那些在你成功時靠近，失敗時遠離的人，絕不是你的真朋友。在與人交往中，不要輕易透露自己的底牌。要懂得權衡利弊，在必要時果斷放棄那些可能對你造成傷害的人。

同樣，當我們面對原則與底線的挑戰，面對不公與欺壓，必須如利劍出鞘，白刃相見亦不退縮。這不是冷酷無情，而是對正義與真理的堅守，是對自我價值與尊嚴的捍衛。

著力即差

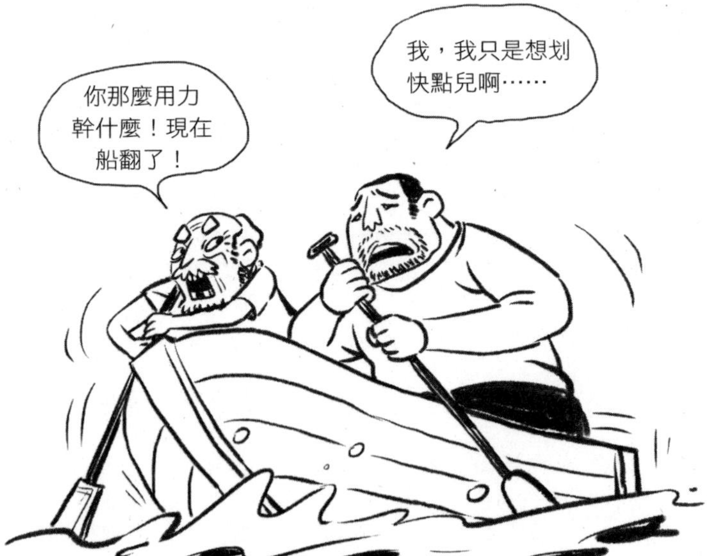
你那麼用力
幹什麼！現在
船翻了！
我，我只是想划
快點兒啊……

凡事太過用力就失了高明，用力過猛，往往適得其反。

人活一世，重在要有鬆弛感。

有的人為了取得好成績，通宵達旦地學習，但由於方法不當，效率低下，反而影響了健康和學習效果。

正確做法應是勞逸結合，提高學習效率。要善於觀察和反思，及時調整自己的行為和策略。在面對困難和挫折時，不要一味地加大力度，而是要尋找根本原因，靈活應對。

一位管理者在面對團隊業績下滑時，如果採取嚴厲的懲罰措施，便會導致員工士氣低落，進一步使局面惡化。

反之，如果他透過溝通和激勵，找出問題根源，並引導團隊共同解決，往往能夠有效提升團隊表現。

萬事萬物，著力即差，靈活應對，循序漸進，才是坦途。

人心隔肚皮，

誰先被看透，誰就輸了

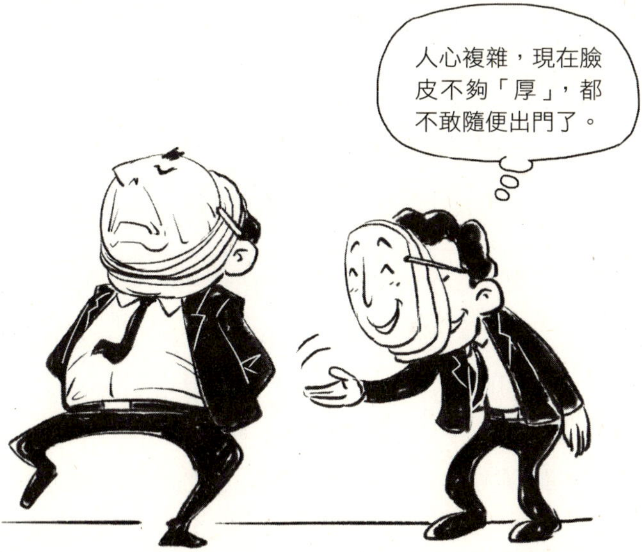
人心複雜，現在臉皮不夠「厚」，都不敢隨便出門了。

底牌這種東西，如果你不亮出來的話，那你就永遠有底牌；如果你亮出來，不管你的牌有多好，也擋不住別人見招拆招。把想辦的事，想說的話，身上的本事，腦子裡的智慧全都藏好，不到關鍵時刻，不輕易示人。

底牌不僅是實力的儲備，更是心理戰的撒手鐧。保持神秘，讓對手在未知中徘徊，自己則能在暗處觀察，伺機而動。

職場之上，攥緊自己的底牌是重中之重，很多人喜歡在工作初期就展現所有的才能和資源，試圖博得上司的賞識。聰明的做法是根據實際情況，有選擇地展現自己的能力，同時保留一些關鍵技能和資源。在升職加薪、項目競標等重要時刻，這些保留的底牌往往能讓你脫穎而出。

假作真時真亦假，
無為有處有還無

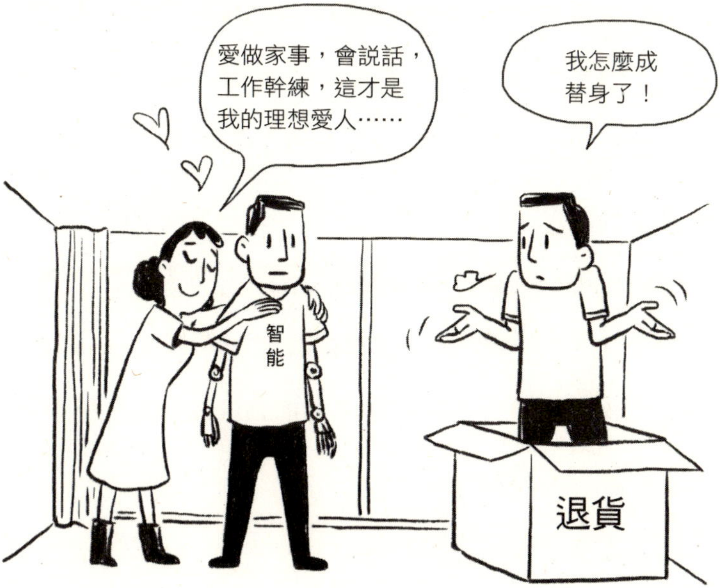
愛做家事，會說話，
工作幹練，這才是
我的理想愛人……
我怎麼成
替身了！
智
能
退貨

把假的當真的，時間久了，假的也就成了真的，反之亦然；把不存在的事物捏造成存在的，時間久了，不存在的事物比存在的還要耀眼，反之亦然。因此，有人說：「我們活在巨大的假象裡。」

職場中，那些擅長包裝自己的人，他們總是能在關鍵時刻表現得遊刃有餘。然而，當你深入瞭解後，會發現他們的能力並沒有看起來那麼強大。真正有實力的人，往往不需要過多的修飾，他們的能力和價值自然會在工作中顯現出來。

生活中，那些看似成功的人，背後可能承受著巨大的壓力和犧牲。那些看似幸福的家庭，可能隱藏著不為人知的矛盾與痛苦。**我們要學會透過現像看本質，不被表面的假象所迷惑。**

在亂花漸欲迷人眼的當下，守得住本心，看得清偽裝，才能避免被關入封閉的思維繭房中。

上士忘名，
中士立名，
下士竊名

偷了他的帽子，他的地位就是我的了！
不以物喜，不以己悲，我平生從未如此「一身輕」。
拿走他的文章，他的才華就是我的了！

上士忘名。**真正有智慧和修養的人，不會被名利所驅使**。孔子說：「知者不惑，仁者不憂，勇者不懼。」他們專注於內心的修行和實際的貢獻，而不是名聲的追逐。這種人可以將其當作楷模。

中士立名。這類人有一定的智慧和能力，他們渴望透過自己的努力獲得認可和尊重。立名的追求是他們前進的動力。中士們希望自己聲名遠播，認為這是一種自我價值的體現。這種人可以深交。

下士竊名。下士是那些沒有能力卻渴望名利的人，他們透過不正當的手段竊取他人的成果，以滿足自己的虛榮心。下士們往往只看到名利的光環，卻忽視了道德的底線和法律的約束，短期內可能會獲得一些利益，但最終會被揭露和唾棄。這種人不可與其謀。

一人不進廟，二人不看井，三人不抱樹，獨處不憑欄

一人便安心做事，
二人便舉杯對飲，
三人便登高望……
最重要的是——
君子不立於危牆之下。

以前的寺廟受萬家香火，廟裡或多或少會有一些貴重器皿，一人進廟有盜竊嫌疑，所以說「一人不進廟」。職場或生活中，若需出入有貴重物品的所在，也需有人陪同。**你能管得住自己的手，但若真有東西遺失，你能管得住別人的嘴嗎？**

兩個人一起看井，如果一個人失足跌入井中，另一個人的嫌疑就洗不清了，所以說「二人不看井」。有危險的事情，不要帶不熟悉的人一起做，古往今來都是這個道理。

抱樹指的是抬樹，三個人一起抬樹，另外兩個人難免會懷疑第三個人偷懶，他們的積極性自然也會降低，所以說「三人不抱樹」。俗話說「三個和尚沒水喝」，這就是人性。

「獨坐莫憑欄」，一個人獨坐的時候，容易想到一些悲傷的事情，坐在高處，也容易想不開。難過了，受委屈了，自己待一會兒不是錯，但絕不能走絕路，跟親朋好友聊聊也會有助益。

發上等願，
結中等緣，
享下等福

我想去的地方，已經有人去過，繼續往上走還有什麼意義？
爬自己的山就好，世間紛擾與我何干。

平庸不是平凡的事業、平凡的出身，而是精神上的貧瘠和空洞。人可以暫時平凡，但不可不發大願。

沒有大志，便成不了大事。漢高祖劉邦未發跡之時，目睹秦始皇車駕出巡，便生出成就一番大業之心，若無此志支撐，又何來大漢天下。

計利當計天下利，求名應求萬世名。

楊絳曾經說過：「無論人生上到哪一層台階，階下有人在仰望你，階上亦有人在俯視你。你抬頭自卑，低頭自得，唯有平視，才能看見真正的自己。」

所以，要結中等緣，用平和的心態面對一切。

在成功之前，每個成功人士大都過著平淡又艱難的生活。姜子牙七十二歲才出仕為相，郭子儀人到中年才有所小成。所以，有了大抱負、好心態，也得忍得住平淡，耐得住寂寞。唯有如此，方能通向成功。

底線，

就是用來被打破的

我的底線就是不會給別人打工！
我以前的底線跟你一樣，但現在，已經給別人打工十年了。
所謂底線，就是起起起，然後落落落……

孔乙己的可悲之處在於：處境糟糕，也不肯打破所謂的讀書人的「底線」，不肯放下身段去謀生存、謀發展。相反，為了堅守自己的底線，孔乙己常常把自己「架在火上烤」，反倒成了人們眼中的笑柄。

孔乙己的形象之所以經典，就是因為他不是一個人，而是一類人，這類人為數不少——大事做不成、小事不肯做；明明普通卻自視甚高；做事情端架子、要面子……

他們認為做人有「底線」，而實際上，那不是底線，是「自我設限」。如此所謂的底線，應該被打破。要知道，就連梟雄曹操，也會在用人之際，為了迎接許攸，吐出嘴裡的飯、赤著腳出門；韓信也不得不在微末之時，對街頭混混忍氣吞聲、忍受胯下之辱。

他們是沒有底線的人嗎？恐怕不是，只不過他們不會給自己設立不切實際的底線罷了。**生存和發展永遠是人類的第一要務**。如果所謂的底線成為這兩件事情的阻礙，只能被打破。

自由不是讓你想做什麼就做什麼，

自由是教你不想做什麼，

就可以不做什麼

我想先澆花就先澆花，想先掃地就掃地……所謂自由，就是如此。
不想幹的雜活就交給手下幹，這才叫生活！

自由當然不是隨心所欲、為所欲為，而是有拒絕的空間，或者說「資格」。其實大多數人是不自由的，或者說世上沒有人絕對自由，因為人人總有些「不得已而為之」的事情。

雖然沒有人絕對自由，但是有些人比另一些人更自由。有些人時間上更自由，是因為他們有資格拒絕別人安排的時間，或者說他們本身就是為別人安排時間的人；有些人行動上更自由，是因為他們有能力承擔行動的後果，自然也就不會在行動上受人擺布……

真正的自由意味著你有權利和能力去選擇你想要的生活方式，去追求你的理想和目標，而不受外界的干涉和他人的強制，去抵制那些你不認同的觀念和行為。

自由其實不僅僅是一種「心理狀態」，在它背後，需要強大的實力支撐。**奴隸不可能有自由，國王不可能不自由。**

你不是父母的續集，
不是子女的前傳，
更不是朋友的外篇

你是誰？
人生不光有眼前的苟且，還有詩和遠方。
旅行是人生的意義。
你們在享受人生的時候，別忘了還有人在替你們負重前行……

大多數覺得自己的人生不如意、境遇很悲慘的人，是因為他們沒有為自己活過。

他們把自己的價值與別人綁定在了一起——少年時活在父母的期待裡，年輕時活在朋友的評價裡，中年後又把自己不曾實現過的理想強加給兒女。

這樣的人，一輩子都以「配角」的形象出現，但偏偏還喜歡責怪別人沒有給過他主角的待遇，割裂的人生自然充滿痛苦。對待生命你不妨大膽一些，因為最終你都會失去它。**人生最困難的階段不是沒有人懂你，而是你不懂你自己。**

人要在自己人生劇本裡當主角，要搞明白自己想要的究竟是什麼，而不是總想著從別人那裡要什麼。人不需要割斷和其他人的聯繫，但是不能把與其他人的聯繫當成自己的「根」。你必須自己生根、發芽、開花，用自己的芬芳和色彩與世界溝通。

破山中賊易，
破心中賊難

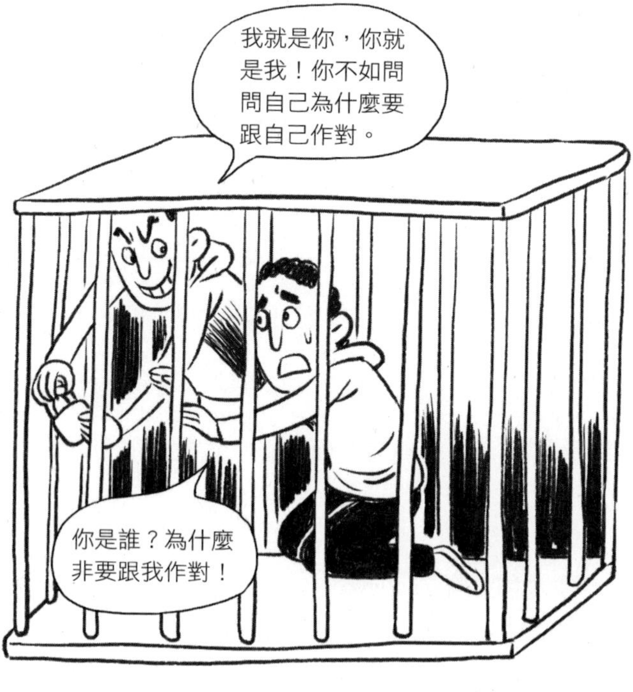
我就是你，你就是我！你不如問問自己為什麼要跟自己作對。
你是誰？為什麼非要跟我作對！

心賊是什麼？就是那些在內心裡不斷蠱惑你犯錯的惡念。

很多人認為，只要知道了對錯，就會走正確的路，避免犯錯。但實際上並非如此，正如艾爾・帕西諾在《女人香》中的經典台詞所說——如今我走到人生的十字路口，我知道哪條路是對的。毫不意外，我就是知道。但我從不走，為什麼？因為太苦了。

事實上，很多人都是如此，他們知道對錯，但偏偏會被錯誤的思想牽著鼻子走，因為**錯誤的思想就跟賊一樣，強調「不勞而獲」、追求「眼前痛快」**。這便是心賊。

在心賊的蠱惑下，我們在該努力的年紀選擇「躺平」，在該自律的時候選擇放縱，而最終，這些選擇會讓人受到命運的懲罰。

破心中賊，破的是貪婪、短視、好逸惡勞等劣根性，此賊不破，必成後患。

上船不思岸上人，下船不提船上事

去年的花不是這樣開的！
活在過去的人，不光無法欣賞現在的美好，還會破壞他人的春天。
你這是在幹什麼啊！

活在過去的人，最可悲。

走不出曾經的失意，會讓人變成祥林嫂，悲觀、絮叨，沉浸在從前的痛苦中難以自拔。

沉迷於過去的成功，又會讓人變成阿Q，動輒「我從前如何如何」，「想當年我如何如何」，最終自大自滿、故步自封。

事實上，活在過去的人，都有一個共同點——痛苦。只不過，前者是過去全是痛苦，傷痛太深，難以自拔；而後者是現在痛苦，沉浸在過去的美好中同樣無法自拔。

這兩種人的結局也相同——過去的痛苦或現在的痛苦，會在將來成為新的痛苦。如此造成惡性循環，一直痛苦，一直低沉，一直一無所成。

所以他們認為：過去全是痛苦的，而未來沒有來，未來是恐懼的。所以**人要活在當下，人生就是一場體驗**。

要知道，過去種種始終縈繞心頭，到最後就成了人生前行的負擔。唯有放下過去，上船不思岸上人，下船不提船上事，才可自渡。

規則從來都是強者制定的，
你要麼努力成為強者，
要麼就只能忍著

棋盤內外，向來只有棋手與棋子。
沒有實力就想跳出棋盤，只會成為棄子。

人想要真正成功，需要的不是一碗雞湯，而是一記耳光，一記可以讓人清醒的耳光。這記耳光，最好能搧走大多數對於「規則」的誤解。

關於規則，很多人想當然地認為，只要規則是公平的，那麼就一定能帶來公平的結果。但他們忽略了一個基本的事實——規則對於它可以約束的人而言或許是公平的，但是那些在規則以上、制定規則的人，往往不被規則所約束，他們怎麼可能和規則之下的人公平？

某些人常常把一句話掛在嘴上，那便是「基於規則的秩序」，他們希望每個人都遵守規則，為什麼呢？因為規則就是他們制定的，在他們制定的規則之下競爭，別人怎麼可能贏？

想要消弭這樣的競爭差異，需要你在劣勢競爭中奮力向前，成為有資格制定規則的強者，彼時，你才能成為那個規則之上的人。

不責人小過，
不發人隱私，
不念人舊惡

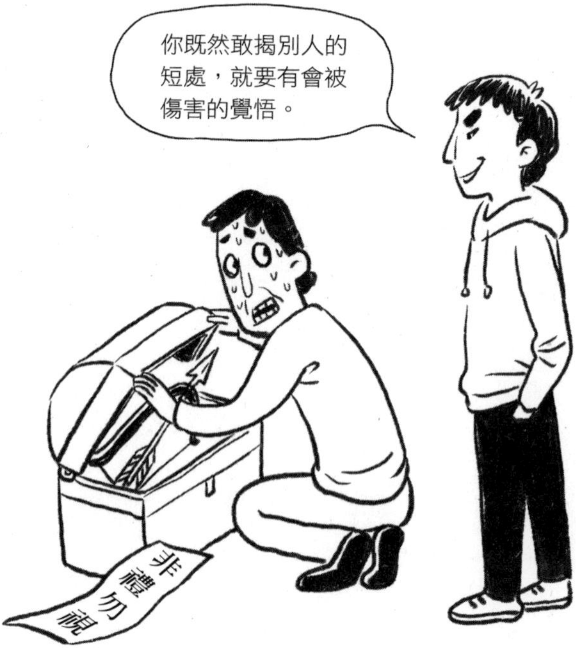
你既然敢揭別人的短處，就要有會被傷害的覺悟。
非禮勿視

不責人小過，是防止得罪小人的基本原則。所謂小人，就是心胸不夠開闊的人。你責備他們的過錯，會被他們牢牢記在心裡，並視為深仇大恨，甚至會醞釀報復你的辦法。

所以，不僅要不責小人過，甚至要進一步做到「不指小人過」，就是看到小人做事情的方法有問題、有過錯或過失，也最好不要指出來。

你指出小人的過錯，小人常常會覺得傷了顏面，甚至覺得你是在針對他，因此記恨。給君子指出錯誤，他認為你是在幫他；給小人指出錯誤，他覺得你是在羞辱他。因此跟小人打交道要慎之又慎，跟君子打交道才能推心置腹。

至於不去揭露別人的隱私，不總是想別人以前做得不對的壞事，也都是防止因為無關緊要的事得罪人之訣竅，大多數人對於這兩點都應該深有體會。

宵行者能無為奸，
而不能令狗無吠也

你說的那些事，
我根本沒做過！
既然你沒做過，
為什麼要去摀別人
的嘴巴呢！這叫作
賊心虛……

夜裡在外行走，即使你不做壞事，也免不了有狗對你狂吠。

這句話告訴我們兩個道理，第一個道理人人都能體悟：即便你行得正、坐得端，也難免有人會說三道四。

第二個道理有更深一層的意思：如果有人不理解你，你無須憎恨他們。假如你在夜裡行走，有狗衝你狂吠，這個時候，狗做錯了嗎？恐怕沒有。在牠的認知裡，深更半夜就不應該有人在此經過，但凡有人，十有八九是小偷。

狗的認知低下，卻「固執」，你扭轉不了牠的想法，也沒必要去憎恨牠。因為牠的認知限制了牠的思維，你沒必要和狗爭辯「為什麼你要吼我，我又沒做什麼壞事」。你只需要走好自己的路就可以了。

同樣，當你在做一件庸人無法理解的事時，恐怕也會招致非議，首先你無須解釋，其次你**無須憎恨不理解你的人，因為不值得**。

伏久者，飛必高；開先者，謝獨早

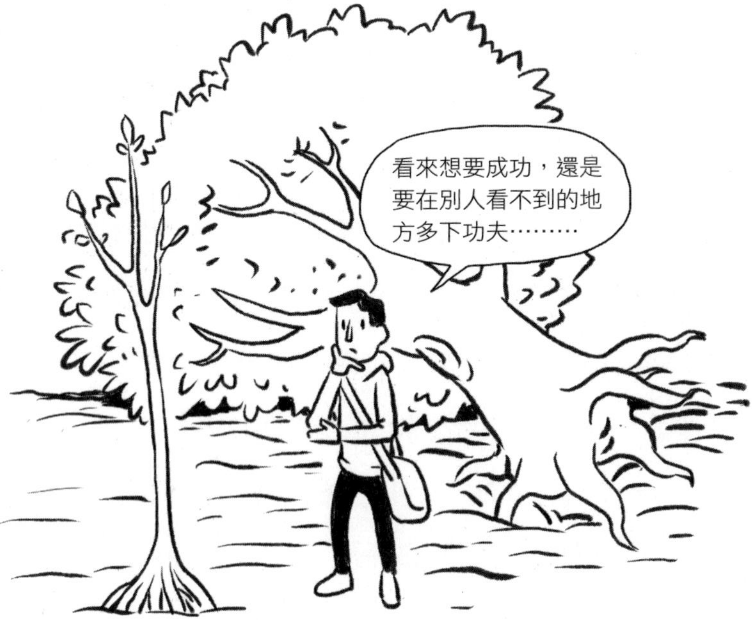
看來想要成功，還是要在別人看不到的地方多下功夫………

人**必須經得起平庸，耐得住寂寞，才能笑到最後。**一些才華橫溢但急於求成的人，雖然年少成名，但由於缺乏足夠的積累，最終也難以持久。有太多明星或創業者一夜成名或成功，但由於缺乏長期的發展規劃和深厚的積累，很快便消失在大眾的視野中。這些例子並不少見，那些「開先者」，雖然一時風光，但「謝獨早」的命運也令人惋惜。

向上之路要踏踏實實走，任何成功都需要長期的努力和積累，而不是一蹴而就。要有長遠的眼光和規劃，不被短期的成功所迷惑。成功不是一朝一夕的事情，而是需要長期的努力和堅持。透過耐心積累和長遠規劃，我們可以在關鍵時刻抓住機會，實現更高的飛躍。

好人做了一件壞事就成了惡人，惡人做一件好事就成了聖人

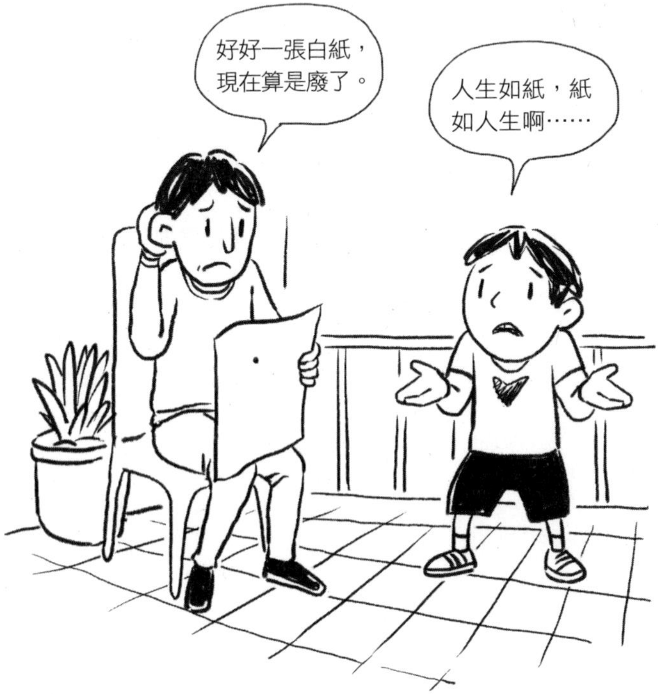
好好一張白紙，
現在算是廢了。
人生如紙，紙如人生啊……

放下屠刀，憑什麼立地成佛？

因為他從惡到善的路上，走過了很遠的一段路。

好人做一件壞事便成了惡人。是因為一個好人如果打破了底線，那麼他的底線會格外低。

但最根本的原因，是因為放下屠刀和好人作惡有一個共同點——打破了旁人的預期。**人們對於道德行為是有所預期的，當這些預期被打破時，人們的反應往往會趨於極端。**

《周處除三害》中的周處是個惡人，但是在他做了兩件好事之後，便成了人們心中的英雄；孟嘗君為齊國做了許多貢獻，最後卻因為齊王疑心他有篡位之心，孟嘗君為了保全自己，計畫逃亡他國，被後世的道學家批評了幾千年。

而作為一個清醒的人，在評價他們時，要儘量保持公正和更寬廣的視角，認識到每個人都可能有複雜的多面性，避免簡單地將人分類為「好」或「壞」。

留七分正經，以度生；
留三分癡呆，以防死

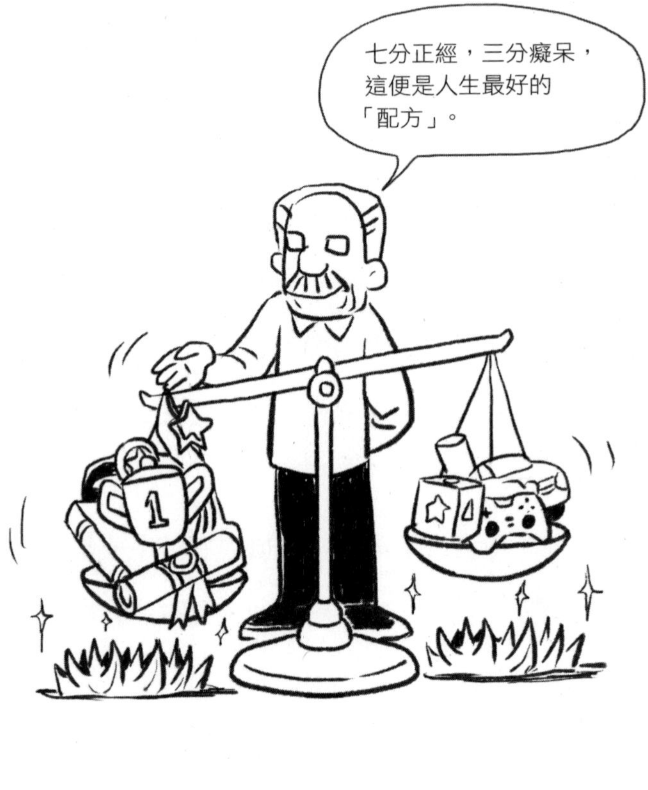
七分正經，三分癡呆，
這便是人生最好的
「配方」。

在生活中保持專注和認真是必要的，但同時也需要給自己留有一定的空間來釋放壓力和享受生活，以維持身心健康和生活的長久。

莊子是先秦時期的道家哲學家，對自然和人生有著深刻的洞察，但就是這樣的智者，也有三分的「癡呆」——人家找他做官，給他高官厚祿，莊子說：「我就像一隻烏龜，你說烏龜是願意被擺在香案上天天接受香火呢？還是願意縮頭縮腦地生活在爛泥裡？」

莊子這種「留三分癡呆」的話語和行為，其實是一種生活哲學，鼓勵我們在忙碌和緊張的生活中保留一點輕鬆和幽默的態度。這不是真的提倡愚蠢或不理智，而是建議我們**不要對生活中的每一件事都過於嚴肅**，要學會放鬆。

這樣的平衡是持續成功和幸福的關鍵，幫助我們在避免過度壓力和疲勞的同時，享受生活帶來的每一個「小確幸」。

嫌人窮，怕人富，恨人有，笑人無

華而不實，臭顯擺；簡陋不堪，不牢靠；有馬拉車，了不起啊？連馬都沒有，真是丟臉！
那您就自個兒游著去，或跑著去吧！

嫌人窮——嫌棄的是窮人對自己「毫無用處」，「窮親戚」還可能成為自己的負擔。

怕人富——怕的是自己與之相比顯得不足，或擔心富有者利用其財富和權力損害自己的利益。

恨人有——恨的是對擁有優勢或資源的人，這種心態常源於嫉妒，因為嫉妒，所以產生怨恨。

笑人無——笑的是一無所有的失敗者，透過笑他們，來滿足自己可憐的優越感，透過貶低他人來抬高自己的價值感。

用這句話來提醒自己，就是要讓自己放下內心的嫉妒、恐懼、自卑或虛榮。

用這句話來「照見」他人，就是要讓自己明白一個道理——窮人在十字街頭耍鋼鉤，勾不來親朋好友；富人在深山舞刀弄棒，打不散無義賓朋。**無論窮富，先看清，再看淡，無須掛懷。**

你成功後，
身邊都是「好人」

今後還請您多
多關照啊！
果然，世上還是好人
多啊……但以前我怎
麼沒發現呢……
往後有什麼需要
儘管開口，咱倆
自己人啊！
仇人
敵人

在社會中，成功往往會吸引人們的目光，這種關注不僅僅是對成就的認可，更是對成功者背後資源和機會的渴望。如同猴子爬樹一樣，爬到高處的猴子往下看，看到的是一張張笑臉，而身處低位的猴子往上看，只能看到一個個紅屁股。

當我們在享受成功帶來的美好時，更要保持清醒的頭腦，認清哪些是真正的朋友，哪些只是利益的追隨者。**真正的朋友不會因為你的失敗而遠離你，他們會在你需要幫助時伸出援手**。那些只想著從你這裡獲取好處，而不願意付出的「好人」，往往是被利益驅動的。

成功帶來的不僅是榮耀，還有複雜的人際關係。在追求成功的路上，我們要保持清醒，認清真正的朋友，用真誠和善意對待他人，才能在繁華與落寞中找到真正的歸屬和安心。

失去人性，失去很多；
失去獸性，失去所有

大師，我們七、八天沒吃東西了，這個時候就收收你的善心吧！
善哉善哉，萬物有靈，我怎能輕易殺生……

人性與獸性看似對立，實際上它們之間存在著微妙的平衡——無人性，不配為人；無獸性，難做人。

所謂獸性，就是以生存為第一要務的本能。就如李世民在玄武門向親兄弟射出的箭，若單以人性論，誅殺親兄弟，怎麼說也是違背人性的大逆舉動。但考慮到李世民當時的處境、兄弟們的所作所為，歷史給這一行為的評價是：李世民當時展現出的獸性是必須的，情有可原。

我們要追求人性的光輝，但是切不可抵觸獸性的生存本能，在追求和諧與溫情的同時，也要保持一份勇敢和果斷。只有在人性與獸性之間找到平衡，我們才能在複雜的社會中立於不敗之地，實現真正的成功和幸福。

這個世界並不在乎你的自尊，只在乎你做出來的成績

我辛苦畫出來的東西，你輕而易舉就否定了，你考慮過我的感受嗎！
拿這種東西來「污染」大家的眼睛，你又何曾考慮過別人的感受？

尊嚴是實力的副產品，自尊需要能力做背書。

尊嚴是從實際成果裡來的，任何拋開成果談尊嚴的行為，都不過是自我感覺良好。工作上做不出成績，想讓同事尊敬，不可能；學習成績很差，想要得到同學的尊重，也很難。人們會因為品格、能力、學識而尊重一個人，前提是，得讓他們看見你做的高品格的事、高能力的成果、高學識的展現。

莎士比亞在剛出道時也曾遭到同行的侮辱，而莎士比亞聲名鵲起之後，侮辱他的人又來喝采。

成績是贏得尊重最有力的憑藉，它不僅能帶來外界的認可，更能讓你在競爭中脫穎而出。尤其是在職場中，我們要努力完成每一個任務，爭取每一個機會，用實際行動證明自己的價值。

他人最大的魅力，來源於你的想像力

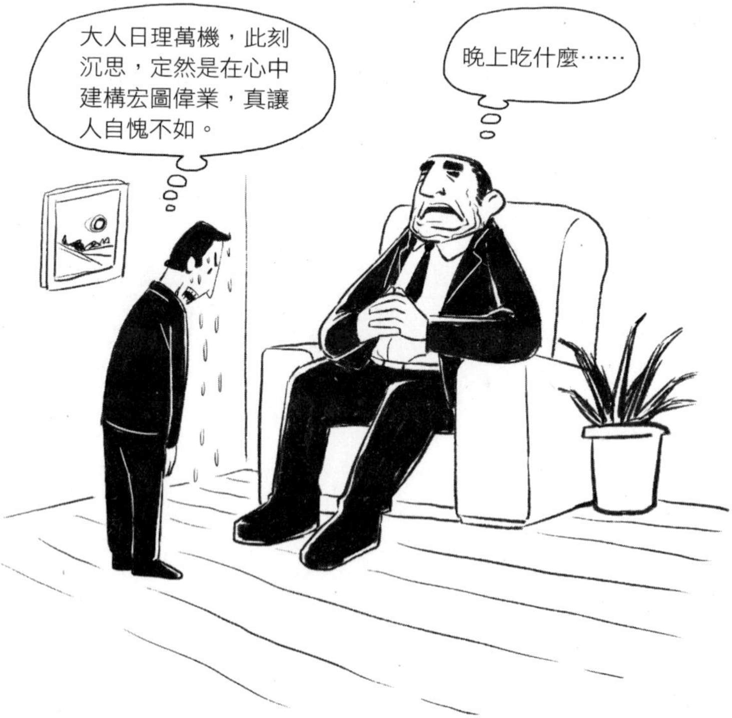
大人日理萬機，此刻沉思，定然是在心中建構宏圖偉業，真讓人自愧不如。
晚上吃什麼……

人與人之間對彼此的評價，其實都不具體，**每個人只能看到另一个人的「側面」**，透過這個側面，再去想像他的「全貌」。

我們總愛將他人鍍上金邊，用想像填補現實的空白。那些網路上的光鮮亮麗，朋友圈的精緻生活，皆是我們心中欲望的投射。我們幻想對方擁有我們渴望的一切，卻忘了剝去這層想像的外衣，他們或許也只是普通人，有著不為人知的煩惱與掙扎。

你把對方想像得過於完美，就會將自己的姿態放到最低，百般討好，這反而會令人心生厭惡，喪失他人對你的尊重。自己對他人的美好想像可能並不完全真實，不要因為崇拜一個人而忽視他們的缺點。唯有透過實際瞭解和接觸，才能形成客觀全面的認識。

十里認人，百里認衣

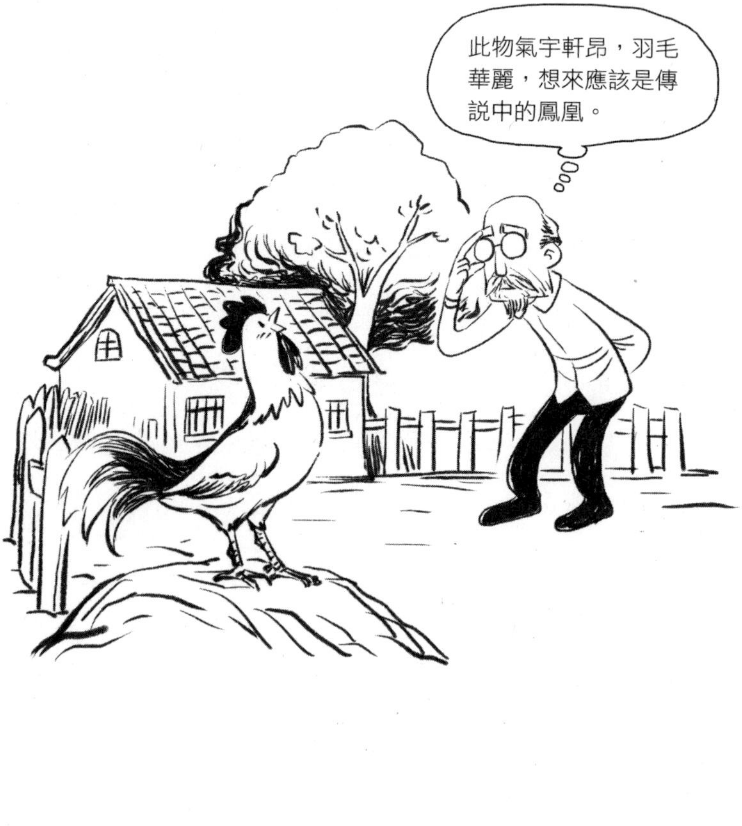
此物氣宇軒昂，羽毛華麗，想來應該是傳說中的鳳凰。

十里認人，是因為周圍的人瞭解你，對於瞭解你的人而言，你的言行、能力、品德才是最好的標籤。

百里認衣，是因為如果你離開了自己的社交圈，陌生人無法看到你的內在，只能透過你的外表來定義你。

人靠衣服馬靠鞍，千古未曾變。

宋代有名的清官包拯，在開封當府尹時，非常不講究穿著，經常以一身簡單的官服示人。而當包拯到其他地方巡視時，必然會穿上朝廷配發的華麗官袍，只因為若不穿這身衣服，別人就會懷疑他的身分，辦起事來阻力重重。

一個人的穿著打扮和言談舉止，往往是他人對其產生第一印象的基礎。注重自己的外在形象，尤其是在正式場合，得體的穿著和禮貌的行為能為我們贏得良好的第一印象，與此同時，也要不斷提升自己的內在素質。

千學不如一看，
千看不如一練

紙上得來終覺淺，
絕知此事要躬行。
這……這到底是怎麼做到的？看來我還需要回去多看兩年書，才能下筆。

學的目的，就是給自己爭取一個上手的機會。

有資格上手了，才能檢驗自己學得怎麼樣，更關鍵的是，只有真正上手，才能精進。而「上手」，指的就是練。

趙括閱遍兵書，沒上手帶過兵，最後也只能落得折戟沉沙的下場；程咬金不學無術、天資有限，但上手的機會多，最後也能成為一代名將。醫學院的學生，拿再多的優秀學生獎，給人開刀做手術時，病人和家屬也難免不信任；白鬍子老醫生站在手術台前，病人都感覺自己有救了。

學不如看，看不如練。

知識和技能的掌握不僅需要學習和觀察，更需要不斷地實踐。只有透過親身體驗和反覆練習，才能真正內化所學，變成自己的能力。在追求卓越的道路上，實踐是最好的老師。

事緩則圓，人緩則安，語遲則貴

充斥在人們耳邊的「效率！效率！效率！」，催促著每一個人加快腳步。人人都行色匆匆地趕路，就連語速都不由自主地加快，人人都是一副只爭朝夕的姿態，過去把一分錢掰成兩半花，現在是把一天當成兩天用。

於是，人開始變得急躁，又變成浮躁，蘿蔔快了不洗泥，做事情「撒湯漏水」成了常態。如此情形下，冷靜和耐心則成了稀有品。真正有意義的事，是急不來的。**成事要講究天時地利人和**，時機未到，急也沒用。在這個處處著急的時代，不如反其道而行之，在追求效率的同時，不忽視冷靜和沉穩的重要性。在處理事務時從容不迫，在人際交往中寬容理解，在表達自己時謹慎得體，以此來追求真正圓滿、安寧和美好的人生境界。

平生有三不爭：

一不與俗人爭利，二不與文人爭名，三不與無謂人爭氣

不與俗人爭利，是因為俗人把利看得比命重，傷其利益如害其性命，難免招致極端反擊。

不與文人爭名，是因為文人好名，擋住他的成名之路，他難免口誅筆伐、喋喋不休。

不與無謂之人爭氣，是因為既然彼此沒有利益糾葛，何必滋生負面情緒？爭贏了沒有一絲一毫的好處，爭輸了氣上加氣。

不爭，是大智慧，因為「夫唯不爭，天下莫能與之爭」——不和俗人爭利，俗人就傷害不了你的利益；不和文人爭名，文人就敗壞不了你的名聲；不和無謂之人爭氣，不相干的人就不能給你氣受。

人必先懂得不爭，才能搞明白值得爭取的究竟是什麼，要不然，**總是在細枝末節、可有可無的事情上爭來爭去，以為是在捍衛利益，實際上卻是在消耗精力**，到了真需要你全力爭取的時候，反而沒了幹勁。

低級的欲望放縱即可獲得，
高級的欲望只有克制才能達成

老兄，你每天這麼鍛鍊不累嗎？該吃吃該喝喝，這才叫爽啊！
子非我，安知我之樂！

低級的欲望，往往屬於「即時滿足」——吃一塊糖，當時就很幸福，長胖是以後的事；抽一根菸，當時就挺上頭，患病是將來的事；拖延度日，當下就挺安逸，代價是明天的事。

高級的欲望，則大都是「延時滿足」——認真學習的成果，要在考試時才能看到；努力鍛鍊身體，得經過幾個月的堅持才能有效果；一個好習慣的影響，甚至需要數年時間才能得到回饋。

隋煬帝放縱無度，當時想必極快樂，但等到國家衰敗、烽煙四起時，一定加倍痛苦。

人的一切快樂，背後都需要付出代價：今日就能唾手可得的快樂，必定以將來的痛苦為代價；將來卓爾不群的快樂，必須以當下暫時的苦修為代價。活在當下沒錯，前提是你可以承擔日後所要付出的代價，若不能承擔，還是苦在當下、樂在將來更穩妥一些。

成年人的真話，往往包裝成「廢話」和「玩笑話」

大人，
活得好累呀！
我不願意
我再考慮考慮
對了，你吃飯沒有！要不然我們先吃飯，這件事先放放……

一個人說「說真的」時，後面的話未必是真話。可當一個人說「我說的都是廢話，你隨便聽聽就好」，這句話後面的話，十有八九是真心話；而當一個人在話末說「我剛才就是開個玩笑，你別當真」時，那麼他前面說的話，極有可能是真心話。

人們之所以要把真話包裝成廢話和玩笑話，是因為在成年人的世界裡，說真話要「負責任」，而說廢話和玩笑話則無須負責。正是為了規避責任，所以人們才更傾向於說廢話、玩笑話。

曹操、劉備青梅煮酒論天下英雄，整場對話表面上看起來輕鬆愉快，實際上暗流湧動，是因為他們兩個人都想用不撕破臉的方式，探查對方的真實意圖，所以一個說廢話，一個說玩笑話，但實際上，**廢話和玩笑裡藏著的，都是真話**。

歌頌苦難是無知的，
但不接納苦難是愚蠢的

歌頌苦難是無知，美化苦難是可恥，不接納苦難是愚蠢。

成功者將苦難視為財富，是因為他們最終走出了苦難；對於始終在苦難中掙扎的人而言，苦難非但不是財富，還是枷鎖。

眾生皆苦不是一句誇張的話，當苦難來臨時，無論情願與否，都必須接受。在這個時候，你千萬別有「這是對我的歷練」之類的想法，你要做的，是趕快走出苦難，否則你將被苦難困於苦海之中。

苦難既不是值得歌頌的榮耀，也不是可以逃避的障礙，而是我們人生道路上的必修課。透過正確地接納和應對苦難，方能笑看生活，無畏而行。

你期望什麼，就會被什麼所折磨

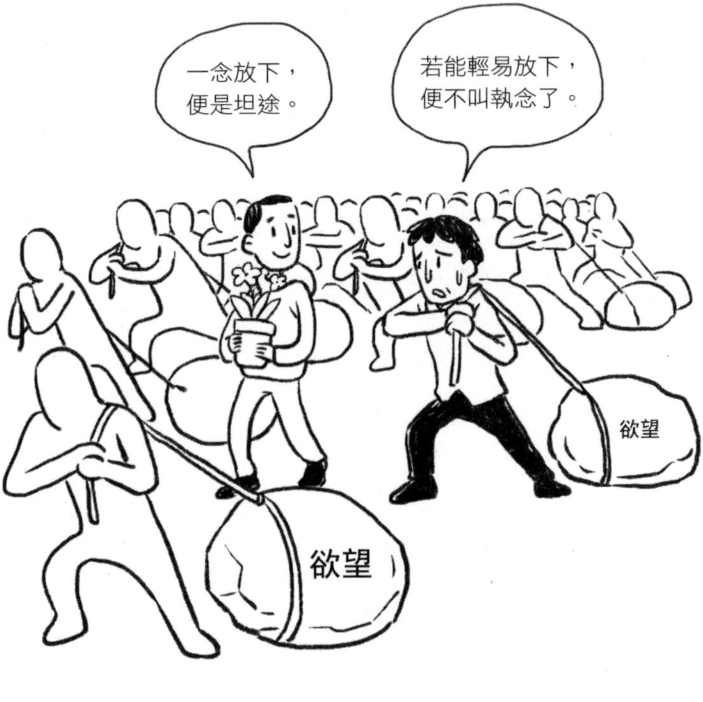
一念放下，
便是坦途。
若能輕易放下，
便不叫執念了。
欲望
欲望

渴望成功的，被名利場的爾虞我詐折磨得心力交瘁；追求愛情的，在患得患失中承受著孤獨與分離的煎熬；夢想自由的，又被生活的枷鎖牢牢困住。

空歡喜遠大於失敗所帶來的痛苦，每一次空歡喜，都是一次自我否定與挫敗感的累積。

人生至苦是求不得，這種痛苦生在骨髓裡，讓人難以釋懷。

楊絳先生曾說：「其實，折磨你的從來不是任何人的絕情，而是你一直心存幻想的期待。與其思念成疾，不如把深深的遺憾交給歲月。總有一天，那些你無法跨過去的坎，走著走著就填平了。」

與其在內耗中自我折磨，不如一點點放下，一點點看開。那些本不該屬於你的，就任其自去。人生天地間，忽如遠行客。生命短暫，與其掙扎於泥潭之中，不如放眼山河，靜守本心，享受真正屬於自己的生活。

猛獸總是獨行，牛羊才成群結隊

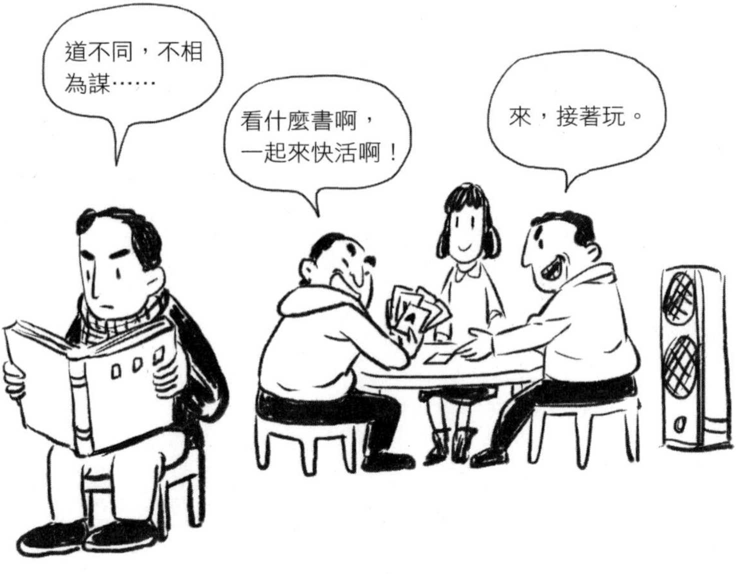
道不同，不相
為謀……
看什麼書啊，
一起來快活啊！
來，接著玩。

那些跟誰都合得來的「老好人」，往往到最後都會泯然眾人；而那些不合群的「刺兒頭」，反而能成就一番令人豔羨的事業。

這就是有無「獨立思考」能力的區別。獨立思考和行動是突破平庸、實現卓越的關鍵。太多人為了安全感和舒適感，選擇隨波逐流，依賴集體和權威。然而，真正的創新和突破往往來自那些敢於獨立思考、勇於挑戰常規的人。

想要成為一頭「猛獸」，必須敢於走出舒適圈。**獨行的猛獸之所以強大，正是因為牠們敢於面對未知的挑戰，不畏懼孤獨和困難。**

一位創業者在選擇項目時，不應只考慮市場的安全和穩定，而應著眼未來，勇於創新。

項羽敢於破釜沉舟，所以擊敗了強秦；三國時期，當所有人都畏懼北方袁紹的強大時，唯有曹操力排眾議，發兵北上，最終以少勝多，一舉擊敗袁紹，定鼎中原。

以史為鑑，想要成功，就必須成為猛獸，特立獨行。

人們都相信別人是單純的壞人，自己則是複雜的好人

將人「掰開」了看，一半是寬容，一半是偏見。我們習慣將寬容留給自己，將偏見送給他人。你做了壞事，那你就是天性本惡；而我做了壞事，那心中必然有無法為人道的苦衷。

人們厭惡簡單粗暴的臉譜化評價，卻又熱衷給他人貼上簡單粗暴的標籤，樂此不疲地上演一場接一場的「雙標大戲」。

我們習慣將人性的陰暗面投射於他人，而將真善美留給自己，以此彰顯自己的與眾不同、道德高尚，卻忘了人都是複雜的。你即我，我即他。

我們不願正視複雜與矛盾，是因為缺少對生活深度探索的勇氣，缺少與他人深度交流的膽量。

真正的智慧，是認清人性的多面性，面對真實的自己，承認自己的不完美，正視自己的錯與對，唯有真誠與自省，才能讓我們打破生活的桎梏，邁上屬於自己的人生坦途。

財富是對認知的補償，而不是對勤奮的獎賞

只要我跑得夠快，夠用力，就一定能成為冠軍！
話說得不錯，可是大哥……你跑反了啊！

人只要一開竅，做什麼都能風生水起，做什麼都能得心應手，只要一出手，便是成功；人如果不開竅，即便卯足了一身的勁頭想要做事，到最後也只會摔個遍體鱗傷，一事無成。

被譽為「三百年來第一人」的王陽明先生，年輕時沒開竅，「格」竹子將自己「格」到臥病不起，努力讀書，卻仕途坎坷，直到他在龍場悟道，提出「知行合一」的哲學理念後，才徹底改變了命運，成為中國歷史上著名的哲學家之一，影響了無數後來人。

財富與地位並非單純靠勤奮就能獲得，更重要的是對世界的深刻理解和正確認知。在現代社會中，許多人每天辛勤工作，卻依然難以致富。而那些真正富有的人，往往能夠洞察市場的趨勢，抓住機會，實現財富的積累。

命運贈送的所有禮物，早已在暗中標好了價格

世上沒有免費的東西，那些你當下用很小的代價就能換來的巨大的利益，大都需要你將來用巨大的付出去買單，只不過你當時不知道罷了。

名著《斷頭王后》的主角是一位美麗的皇后，年輕貌美、位高權重，但是她生活放縱、極其奢靡，還不知收斂。最終，這位皇后的行為激起了國內的政變，她也被送上了斷頭臺。小說的結尾說道：「她還過於年輕，不會知道生活什麼也不會白給。**人們從命運中得到的一切，冥冥之中都記下了它的價錢。**」

許多人渴望成功和財富，但往往忽視了背後的付出和犧牲。任何成就都不是輕而易舉獲得的，它們的背後都有我們看不到的努力和付出。你想要得到什麼，又願意放棄什麼，是擺在每個人面前的永恆選擇。

心軟和不好意思，只會殺死自己；理性的薄情和無情，才是生存利器

人是理性與感性的結合體，但人最大的問題是——特別容易在該用情的時候講理，在該理性的時候感性。**成就事業需要的是理性**。很多時候，如果太重感情，動輒心軟，或是太放不下所謂的面子，動不動就「不好意思」，就非常容易把事情搞砸。

西楚霸王在鴻門宴上心存婦人之仁，導致霸業崩塌；曹操面對敵人時，理性到冷血，薄情到無情，最終三分天下、獨霸北方。

那些最終在事業上取得成就的人，必須透過保持理性，設定明確的界限，勇於果斷決策，最終才能在複雜的環境中生存和發展。歷史和現實中的無數例子都在告訴我們，理性的薄情和無情並非冷酷無情，而是生存和成功的重要法寶。

刻薄是因為底子薄，尖酸是因為心裡酸

大腹便便，一看就為富不仁，我看你的好日子快到頭了。
那我便祝你的「好」日子看不到頭。

宰相肚裡能撐船，不是因為他成了宰相才內心寬廣，而是因為他內心寬廣才成了宰相。

真正的強者只關注自己的內心與個人成長，不以物喜不以己悲。而弱者總把注意力放在他人身上，將個人的能力不足與物質貧瘠的深層原因，全歸罪於不相干的人身上，用尖酸刻薄來掩飾內心的貧瘠與不安。

這些人既見不得別人好，也無法容忍自己的平庸，於是用尖酸刻薄作為武器，企圖在別人的不幸中找到一絲慰藉。

職場中，這樣的人屢見不鮮，看到別人升職加薪，不去學習別人的成事手段，提升個人的業務能力，反而拉幫結派，拿著放大鏡想從別人的「雞蛋」上找到一絲縫隙。這樣的人腳下的路越走越窄，最終再無立足之地。

刻薄與尖酸，能帶來一瞬間的慰藉，但長遠來看，遺患無窮。在這個世界上，充斥著負能量的人總是孤獨無依的。

交心要慢，絕交要快

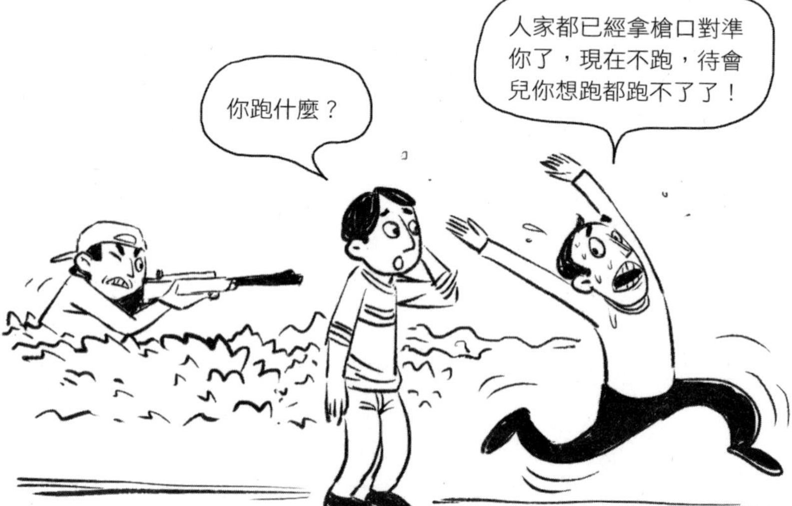
你跑什麼？
人家都已經拿槍口對準你了，現在不跑，待會兒你想跑都跑不了了！

交心要慢，是指在建立深厚的人際關係前，要花時間瞭解對方，避免因盲目信任而受到傷害。絕交要快，則是提醒我們在發現對方有嚴重問題或發生不可挽回的矛盾時，應果斷結束關係，避免更大的損失。

孫臏、龐涓都是鬼谷子的學生。龐涓先出師，到魏國當了一名將軍。不久後，孫臏也出師了。龐涓知道孫臏的能力遠高於自己，早晚會對自己不利，於是便決定把孫臏叫到自己身邊，並伺機陷害他。

孫臏不知道龐涓的險惡用心，還以為對方是想要提攜自己，於是便將龐涓視為知心朋友，毫不防備地來到了龐涓所在魏國。結果，龐涓卻陷害孫臏，導致他落下了終身殘疾。

當斷不斷，反受其亂。

孫臏這時才領悟了「交心要慢，絕交要快」的做人法門，於是他果斷和龐涓分道揚鑣，逃到齊國，最終徹底打敗了龐涓。

明智的放棄勝過盲目的執著

大師，我悟了。您讓我緊握這塊地瓜，是想告訴我，不管有多痛苦，也要把想要的牢牢抓住。
不，我是想告訴你，該丟的東西就趕緊丟，再晚一些手就要燙傷了。

明知不可為而為之，是在沒有選擇時不得已的孤注一擲。而在人生的大多數時候，明智的放棄要勝過盲目的執著。

成功不是一條單行道，明智的放棄不是逃避，更不是妥協，而是基於對現實的清醒認知與對未來的深遠謀劃。

在一條不適合自己的路上悶頭走到黑，除了撞得頭破血流，不會有任何收穫。命運不青睞固執者，只偏愛智者。

有的人放下鍵盤，拿起畫筆，便從一文不名的打工族，成為被萬人追捧的大畫家。

有的人脫下西裝，揹起行囊，便從業績不佳的推銷員，成為火爆網路的旅遊博主。

靈活變通是一種智慧，在適當的時候調整方向，以最小的代價達到目標，才能笑到最後。正如古人所云：「窮則變，變則通，通則久。」

世界上最穩定的關係，是各取所需

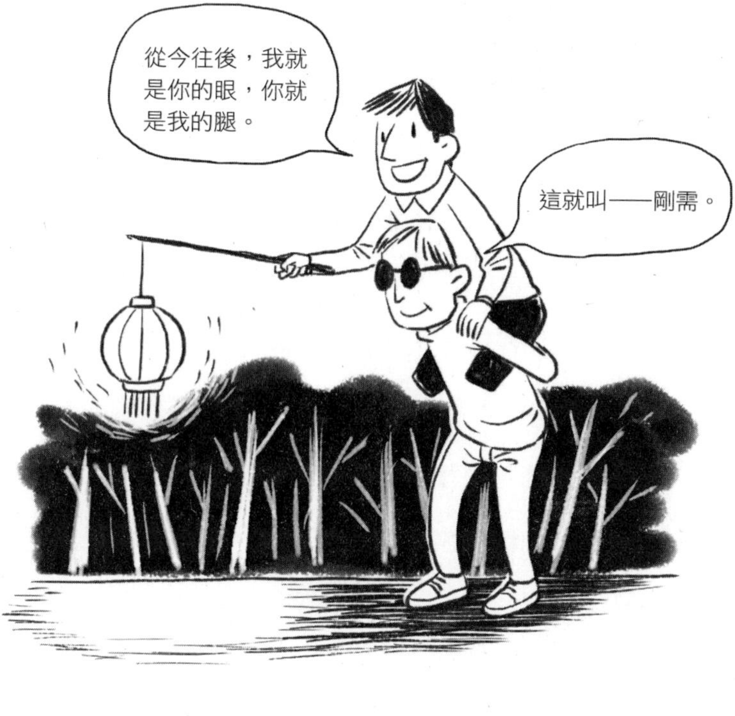
從今往後，我就是你的眼，你就是我的腿。
這就叫——剛需。

能夠「相互利用」，是人際關係中最好的狀態。彼此有用，是一段關係能夠走得穩、走得遠的前提。

古代絲綢之路之所以能夠保持長久的繁榮，正是因為沿線各國能透過這條路各取所需，東方的絲綢、茶葉、瓷器，西方的香料、珠寶、玻璃製品，透過這條商路源源不斷地流向雙方的市場，滿足了雙方的需求。

國與國需要「相互利用」，人與人也是如此，當兩個人能夠明確各自的需求，並在此基礎上建立起公平、合理的互利關係時，這種關係往往能夠經受住時間的考驗，成為最穩定的存在。**因為各取所需，所以彼此依賴；因為互利共贏，所以互相尊重**。

古人言：以利相交，利盡則散。許多人因此認為，互相利用的關係是不長久的，但事實上，「散」的前提是「利盡」，如果能夠在人際關係中維持長期的共同利益，則不存在利盡則散的問題了。

積善人家，必有餘慶

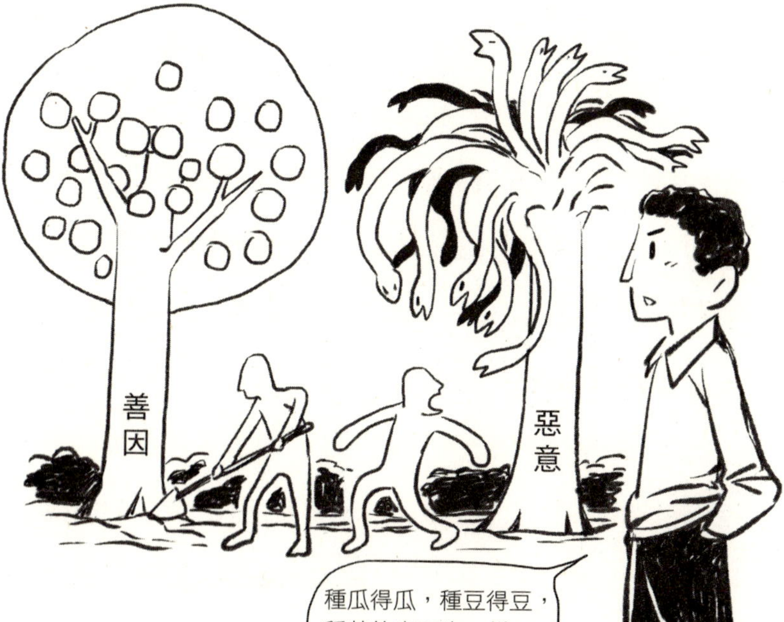
善因
惡意
種瓜得瓜，種豆得豆，
種其他東西也一樣。

「善」是一種投資，雖然這種投資的出發點不是以獲得回報為目的，但它終究會在你意想不到的時候，產生豐厚的收益。

一位農夫救了貴族的兒子，貴族為了感謝農夫，資助他的兒子去讀醫科大學，農夫的家族從此逆天改命——這是這位農夫的善舉帶來的餘慶。

這位貴族的兒子長大之後，做了大官，卻不幸染上致命病毒，眼看就要喪命。但幸運的是，那位醫科大學畢業的農夫的兒子，研究出了一種特效抗病毒藥物，拯救了這位貴族的兒子的生命——這是這位貴族的善舉帶來的餘慶。

「善有善報，惡有惡報」，不是虛無縹緲的道理，而是被歷史反覆證明過的事實。透過不斷的善行積累，個人和家庭能夠營造出一種積極向上的氛圍，吸引更多的正能量和好運，從而在生活、事業等各個方面都取得更好的成就。

你是什麼樣的人，就會吸引什麼樣的人

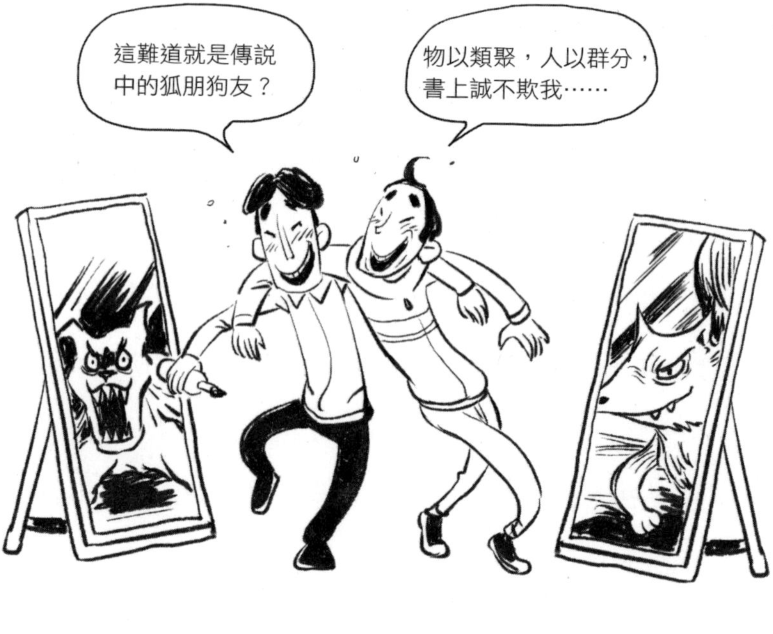
這難道就是傳說中的狐朋狗友？
物以類聚，人以群分，書上誠不欺我……

戰國時，齊宣王讓淳于髡舉薦人才。淳于髡一天之內接連向他推薦了七位賢才。齊宣王認為淳于髡在誆騙自己。

淳于髡則回答說：「同類的鳥總一起飛翔，同類的野獸總一起行動。人們要挖掘柴胡、桔梗這類藥材，如果到水澤去找，肯定永遠找不到；要是到梁文山背面去找，便得來全不費功夫。因為天下同類的事物，總是要相聚在一起的。我淳于髡也算賢士，所以讓我推薦賢才，就如同在黃河裡取水，在燧石中取火一樣容易。」

自己是什麼樣的人，就會吸引來同類人，物以類聚，人以群分，是再正常不過的社會現象。**善良的人結伴而行，彼此溫暖**；惡毒的人狼狽為奸，害人害己。

當你什麼都不在乎的時候，人生才算剛開始

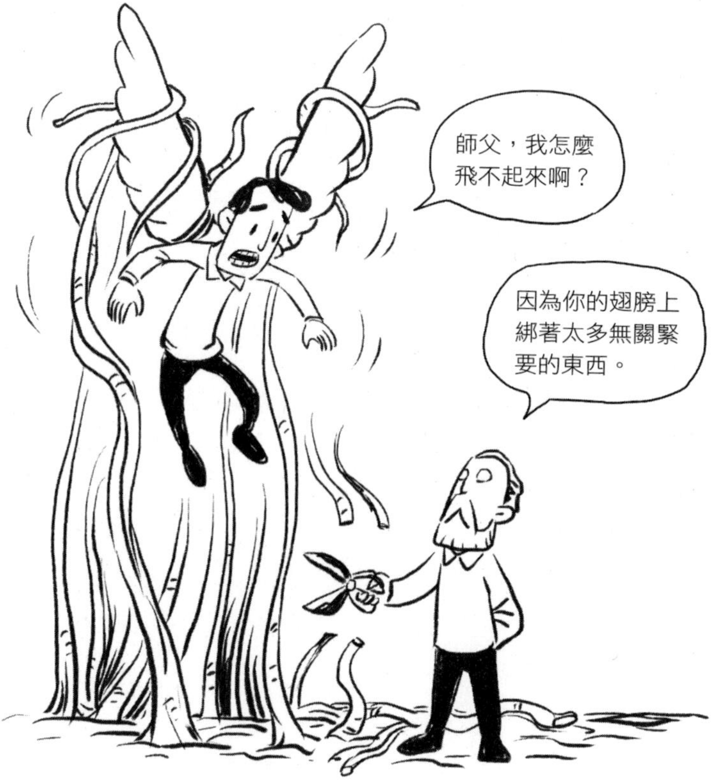
師父，我怎麼
飛不起來啊？
因為你的翅膀上
綁著太多無關緊
要的東西。

你在乎什麼，什麼就會成為你的軟肋，在乎的東西越多，軟肋越多，軟肋多的人，不可能獲得成功。

所以，當你什麼都不在乎的時候，就是你最無懈可擊的時候。

那時，你的人生才能無往不利。

人生是一個不斷「冷卻」的過程，只有放下那些沒有意義的熱情，才能把有限的精力和時間用到最恰當的地方。

人生的旅途中，我們往往會被各種外在的因素所牽絆，如金錢、地位、名譽等。這些追求雖有其合理性，但過分執著往往會讓人失去內心的寧靜與真實。當我們學會放下這些外在的束縛，不再過分在乎它們時，我們的心靈才能得到真正的釋放，從而更加專注於內心的成長與追求。

達到如此境界之後，人才能夠真正成熟，以一個「完全體」的狀態投入到更有意義的事業中。

用疑問句回答疑問句時，一般是說中了

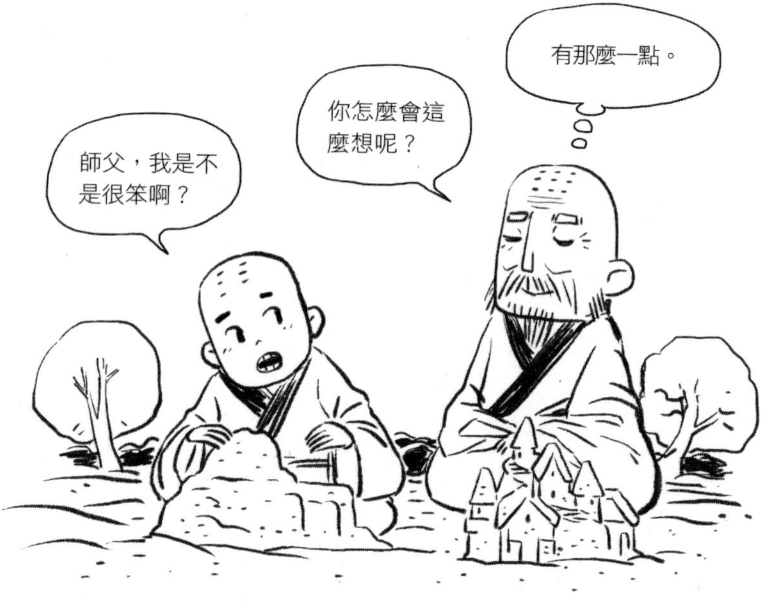
師父，我是不是很笨啊？
你怎麼會這麼想呢？
有那麼一點。

你是不是不喜歡我了？

你為什麼這麼說？

這件事是不是你幹的？

你有什麼證據？

你是不是還放不下？

誰說的？我有什麼放不下？

當一個人用疑問句回答疑問句時，往往是被說中了，而**他的疑問，只是一種無力的反駁**。

用疑問回答疑問，往往是因為回答者已經敏銳地捕捉到問題背後的真正意圖，並以一種巧妙而有力的方式進行回應。

這種回應不僅直接針對問題本身，更透過反問、質疑等方式，引導對方進行自我反思，從而達到更好的溝通效果。應用得當的話，這種方法也可以成為一種高明的溝通技巧。

人生最大的荒唐，就是在不值得的人與事上糾纏

古語云：「夏蟲不可語冰，井蛙不可語海。」與那些格局狹小、行為不端之人糾纏，無異於自降身價，浪費了成長的機遇與心靈的寧靜。

人生短暫，時間寶貴。與其在不值得的人和事上浪費精力，不如將心思放在自我提升、家庭幸福、社會貢獻等更有價值的事情上。**學會放下，是一種智慧；懂得超脫，是一種境界**。當我們能夠以一種更加寬廣的胸懷和長遠的眼光，去看待生活中的種種挑戰時，就會發現，那些曾經看似無法逾越的障礙，其實都不過是成長路上的小小絆腳石。

保持一顆清醒的頭腦，一份堅定的信念，遠離負能量，擁抱正能量，才能讓生命之花在更加廣闊的天空下絢麗綻放。

活得累是因為心裡裝了多餘的東西

你好。
如果我也說你好，會不會顯得我這個人太隨便？
給他留下了壞印象，今後工作中他會不會排擠我？
難難難……跟人打交道怎麼這麼難……

人常常在忙碌與焦慮中徘徊，心靈被各種欲望、擔憂、比較所充斥，彷彿背負著沉重的行囊，在人生的道路上艱難前行。

很多人認為，焦慮來源於物質不足或地位不高，想當然地覺得：只要能躋身上游，就不會焦慮了。人之所以活得累，很多時候並不是因為受到了客觀環境的影響，而是因為內心裝滿了太多東西，心靈超載所致。把該你想的，不該你想的，全都裝到了自己心裡。

還沒來的就不要去猜。

內心不寧靜、活得很累的人，往往是因為他們承擔了巨大的責任和壓力。學會放下那些多餘的東西——無論是過度的欲望、無謂的擔憂，還是對他人的過度關注與評價——是通往輕鬆生活的關鍵。正如吃飯七分飽，留有餘地，我們的心靈也需要適時地「減負」，以保持其敏銳與活力。

潛意識在操縱你的人生，而你卻稱其為命運

大師，我未來的命運如何？
若我所料不錯，你今後該愛的還是會繼續愛，該恨的還是會繼續恨，就像你餓了就想吃飯，睏了就想睡覺……
果然是大師啊！說得分毫不差！

所謂的「命運」，實則是內心深處那些未被審視、未經雕琢的潛意識觀念與習慣，在悄無聲息地引導著我們的選擇與行動。

你因為賴床，眼看上班就要遲到了，著急忙慌吃了早餐，結果忘記付錢，跟老闆發生口角；路遇堵車，差點闖了紅燈……倒楣的事讓你碰了個遍，遲到後你還要說是命運在捉弄你。如果你早起半個小時，「命運」根本懶得看你一眼。

潛意識所培養出的慣性雖無形，卻擁有強大的力量。它既能成為我們前進道路上的絆腳石，也能成為推動我們超越自我的源泉。

當我們面對生活的種種挑戰與困境時，不妨**停下腳步，深入內心，去傾聽那些潛藏在深處的聲音**。當我們學會與潛意識對話，理解並駕馭它時，便能笑著說：「我命由我不由天。」

只要你不跪著，這世上沒人比你高

在這個世界上，
不卑躬屈膝，
別想大富大貴。
謬論！跪著能賺的
錢，站著也能賺，
而且能賺得更多。

想讓別人看得起你，首先得讓別人看得見你。你自輕自賤，別人對你的鄙夷只會變本加厲。太多人為求名利，在高位者面前前倨後恭，被人當成笑柄卻不自知。

人不可以有傲氣，但必須有傲骨。

三國關羽因有傲骨，面對強者不卑顏、不屈膝，使他為天下敬仰，為青史傳頌；南宋秦檜諂媚敵軍得以苟活，結果受盡後世唾罵。

每個人都會遇到各種各樣的困難和挑戰，有時甚至會感到無助和絕望。如果我們選擇屈服，選擇放棄，那麼就會像跪倒在地上的人一樣，失去了自我，也失去了前進的力量。

如果我們能夠堅守內心的信念，保持自尊和自立，那麼無論外界如何艱難險阻，我們都能夠挺起胸膛，勇敢地面對。

克制自己去糾正別人的欲望，不要隨意介入別人的因果

不知好歹！
我好心勸架，你們反倒聯起手來一起打我！
我們夫妻打情罵俏，關你何事！

人際交往需要邊界感，我們在尊重他人選擇的同時，也應認識到每個人所面臨的各種問題，其背後都有複雜的成因，外人不應輕易干預。

正所謂：「**疏不間斷親，卑不謀尊**。」

低位者不參與有關高位的謀劃，關係疏遠的不摻和關係親近者之間的問題。

每個人都有自己的成長軌跡和人生課題，作為旁觀者，我們或許能看到問題的另一面，但直接參與，反而會引火上身。

適度的提醒與引導遠比強制性的糾正更為有效。我們要學會尊重他人的選擇和決定，理解並接受每個人都需要在自己的因果中歷練、成長。

保持邊界感，不僅是一種人際交往的藝術，更是一種深刻的人生智慧。它教會我們如何在複雜多變的世界中，保持一顆平和與尊重的心，讓彼此的生命都能按照其應有的軌跡自由綻放。

你的經歷在別人眼裡無足輕重，成長本就是孤立無援的過程

對不起先生，
您超重了，
請丟掉行李。
可這裡面，全是我
珍貴的過去啊……
人生

個人成長是個自我超越的過程，註定是孤獨的。**不要再向別人傾訴你的痛苦了，因為大家都懶得聽**。

蘇軾一生坎坷，多次被貶謫至偏遠之地。雖然他譽滿天下，但是他的坎坷經歷在別人看來完全是咎由自取，誰會把他的磨難放在心上呢？

但是，對於蘇軾自己而言，正是這些看似無足輕重的經歷，磨礪了他的意志，也豐富了他的創作靈感。

他在逆境中寫下了大量膾炙人口的詩詞文章，終成一代文豪。蘇軾的成長之路，就是一個人在孤立無援中不斷探索與自我超越的過程。

竹杖芒鞋輕勝馬，誰怕？也無風雨也無晴。

每個人的成長之路都是獨一無二的，在成長的道路上，能夠陪伴我們走到最後的，只有我們自己。所以，挺起胸膛，一直往前走吧。

當你開始思索人生是什麼時，你已經什麼都不是了

普通人儘量不要去學哈姆雷特，不要去思考「生存還是毀滅，這是個問題」之類的問題。因為一旦我們開始思考所謂的關於人生終極意義的宏大命題時，往往會發現自己在宇宙的廣闊中顯得微不足道。

而我們，終歸是要在現實中生活的，我們的存在本身就是生活的意義，並不是要搞明白「為什麼存在」之後，生活才有意義。當一個人開始質疑自己存在的價值時，往往會陷入行動和決斷的癱瘓中。開始思索人生的本質時，會發現自己的定位越來越模糊。

我們生活在一個資訊爆炸的時代，思索和反省似乎成了現代人的常態。社交媒體上的心靈雞湯、哲學書籍的盛行，彷彿每個人都在追問人生的意義。然而，過度思考的背後，往往是行動的缺失。我們陷入思考的泥潭，忘記了最重要的一點：**人生需要行動，而不僅僅是思索**。

當你不知道什麼事是對的時候，就去找什麼事是錯的

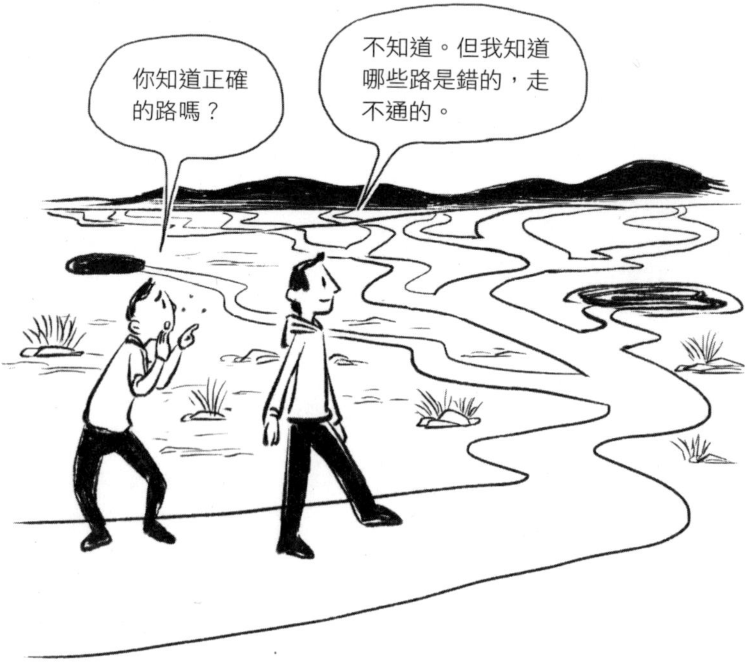
你知道正確的路嗎？
不知道。但我知道哪些路是錯的，走不通的。

迷茫時，與其在黑暗中尋找前方的出路，不如回頭檢查自己走過哪些錯路。

糾錯，很多時候看起來是無法改變既定結果的「無用功」，但實際上，是避免在同一個地方摔兩次跟頭的明智之舉。糾錯的能力，其實是一個人的核心競爭力之一，善於糾錯的人，一定是能夠取得長足進步的人。相反，若不會糾錯，則難免原地踏步、裹足不前。

有這樣一個故事，一位丈夫的西裝掉了一顆釦子，他找遍商場，也沒尋到同款鈕釦。於是他打電話給妻子求助，妻子大笑說：「那乾脆把其他釦子都換了，不就成了？」丈夫恍然大悟。

糾錯，就是給人生「排除錯誤選項」的過程，這種透過排除法簡化決策過程的策略，不僅可以減少你的決策負擔，還可以提高你做出正確選擇的機率。

半杯水之所以讓你不舒服，是因為你弄不清，它是未斟滿，還是別人喝剩下的

雲在青天水在瓶……
陛下，這次對百官的考核結果，您意下如何？
陛下此言何意？是讓我們看天，還是看瓶？想不通，完全想不通……

心理學研究表明，人們傾向於尋求完整的資訊和清晰的結局，因為這可以減少心理上的不安，提高決策的效率。

當我們難以獲得完整資訊的時候——比如遇到只有「半杯水」的情形，便會感到不安和焦慮，因為它迫使我們面對不完整性和不確定性——它究竟是只有半杯，還是別人喝剩下的呢？

在生活中也常見這種情境，比如上司對你的評價可能既有積極的也有消極的方面，這會讓你難以捉摸上司的真實意圖，因而陷入苦惱中……面對類似的苦惱，我們首先應該認識到——**不確定性是現實生活中不可避免的一部分**，我們需要兩種心態來應對生活的不確定性：

第一種心態叫平常心，人生總有殘缺，資訊的殘缺只是其中一部分而已，我們需要接受這種殘缺。

第二種心態叫積極應對。因資訊殘缺而焦慮是毫無作用的，我們更應該積極尋求更多的資訊，透過溝通和學習來補全資訊，如此一來便可以有效減少不確定性帶來的焦慮。

你是砍柴的，他是放羊的，你和他聊了一天，他的羊吃飽了，你的柴呢

飛鳥與游魚，這就是愛情最淒美的樣子吧！
哦，不，這叫「鳥喙不對魚唇」，都不是一個領域的，怎麼做朋友？

砍柴的和放羊的，是兩個不同的行業，聊得再融洽，還是誰也幫不到誰，所以，此類社交屬於「無效社交」。

無效社交的特質，就是空洞的言談、虛偽的交往與毫無實質內容的應酬，既耗費時間，又浪費精力，最終只會耽誤事。

東晉時期有個名士叫謝安，此人最喜歡交朋友，家裡常年聚集著許多文人墨客，共享詩酒之樂。然而，當謝安失勢時，那些文人墨客非但幫不上忙，還不乏落井下石者，那些平日裡的歡聚變成了空洞的回憶。

為了迎合世俗而交往，其結果不過是增加表面上的繁華，實則心靈極度空虛。所以，我們應當找對的人，說對的話。

有些事「不上秤沒四兩，上了秤一千斤都打不住」

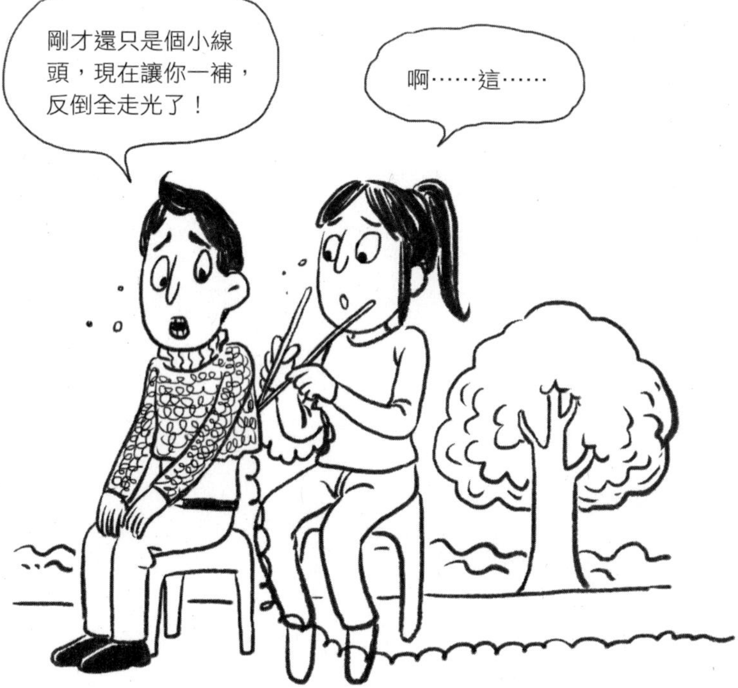
剛才還只是個小線頭，現在讓你一補，反倒全走光了！
啊……這……

大事可以化小，小題可以大做，一件事情造成的影響，其實是很難控制的，如果有人想要揪著你的錯借題發揮，那麼你的一些微小舉動，也會成為他們攻擊你的把柄。

漢武帝時期有個人叫顏異，官至大司農，位高權重。有一天，顏異和人聊天，對方說了一些批評漢武帝實施的政策的話，顏異並沒有附和，但是嘴巴動了動。這件事情被顏異的政敵張湯知道了，張湯便對漢武帝說：「別人批評您，顏異雖然沒說話，但是他的嘴巴動了動，證明他也想批評您，但是把話嚥回去了。」

漢武帝勃然大怒，竟然下令處死了顏異。

這就是典型的「不上秤沒四兩，上了秤一千斤都打不住」。在處理看似不重要的事情時，不能掉以輕心。這種預防性的思維方式，不僅適用於個人生活中的小事，也適用於工作和社會活動中的各種情況。

當你因免費的商品而沾沾自喜時，其實你才是商品

但不知道為什麼，
咱們魚池的魚越
來越少了………
吃飯的時候
少說話。
免費的午餐，
不吃白不吃。

天上不會掉餡餅，但地上一定會有免費的陷阱。

世上沒有任何一個商家會心甘情願地「免費提供」任何商品，在看似免費的交易背後，消費者的注意力、資料和隱私往往成為被交易的商品。

許多網路服務和應用宣稱免費，使用者在享受免費服務的同時往往未意識到，這些資料隨後可能被用於廣告定向，甚至在你沒有明確表示同意的情況下被賣給協力廠商資料公司。

魚鉤上的餌是免費的，捕獸夾上的肉也是免費的。只看到眼前的蠅頭小利，而忽視其背後隱藏的巨大風險，是人們墜入深淵的根源。

得到任何東西都需要付出代價，免費的午餐往往是最昂貴的陷阱。別再為那點蠅頭小利沾沾自喜，因為你付出的，可能是你最寶貴的隱私，甚至是生命。

窮困潦倒時的溫柔最是無用

把全部家當拿出來賣的人，能做出什麼寶貝？
就給這麼點，可這是我的全部家當，都是我嘔心瀝血創造的寶貝。
你不賣，那我可就收走了……

情緒價值如果建立在其他價值之上，才是「加分項」，光有情緒價值，不能提供其他價值，那麼情緒價值一文不值。在面對經濟困難或生存挑戰時，單純的溫柔可能會被視為軟弱或無能。一個貧困的人，儘管可能擁有善良和溫柔的個性，但這些品質並不能直接轉化為改善他們經濟狀況的利器。

當一個人「除了溫柔一無所有」，就莫怪別人只看到一無所有，看不見你的溫柔。

然而，這並不意味著我們應該放棄溫柔和善良。關鍵是要知道如何平衡心中的溫柔與必要時的堅決和果斷，使之成為推動生活向前發展的力量。在面對生活的嚴峻挑戰時，除了保持內心的善良和溫柔之外，更應該發展那些可以直接幫助我們克服困難的能力和特質。這樣，我們不僅能保護自己不被生活壓垮，也能在逆境中成長和前行。

如果你同時養了貓和魚，貓吃了魚，你除了責備貓，更應該責備自己

貓吃魚是其天性，如果看不到這種天性，將貓和魚放在一起，那犯錯的其實是你。很多時候，**問題的根源並非在於行為本身，而是在於那些透過決策塑造行為環境的人**。所以在做任何決策和行動之前要進行周密的思考。

如果你是一個決策者，應該對可能引發的後果承擔完全的責任，而不是僅僅對後果本身做出反應。這種前瞻性和責任感是有效管理和決策的關鍵。在人際關係、財務管理、健康維護等方面，採取預防措施往往比事後處理問題要有效得多。

比如，我們應該把小偷抓進監獄裡，而不是把他關在金庫裡。

透過理解和尊重自然本能、行為規律及環境因素，我們可以更有效地防止問題的發生，而不是事後尋找責任。這不僅是對自己負責，也是對我們所管理或影響的人和物負責。

當你「兇狠」地對待這個世界，它才會變得溫文爾雅

世界有時就像一隻土狼，你得表現得兇狠又強大，這樣它才會乖乖匍匐在你面前。

春秋時期，楚國經常對周邊國家發動戰爭，而當人們因此斥責楚國人時，他們居然說：「我乃蠻夷！」意思是說，我本來就是蠻夷，打你怎麼了？

面對這種情況，晉文公對楚國發動了城濮之戰，以最為暴力的手段擊垮了楚國的軍隊。此戰過後，楚國老實了不少，晉國獲得了幾十年相對的和平與穩定。

世界的本質，就是吃硬不吃軟。和平需要透過堅定的鬥爭來維護，個人的尊嚴和生存環境也同樣需要堅定地去爭取。比如說要賬，你好言好語討要，對方卻得寸進尺；而當你要拿起法律的武器時，對方又會立刻變得態度溫良。

在團隊合作中，展現出堅定和果斷的態度可以迫使環境變得更加有序。在這裡，「兇狠」是指果斷、堅決的立場和行動，這種態度在適當的情況下可以使混亂的或不穩定的情況變得有序。

情緒穩定的人，沒有一個弱者

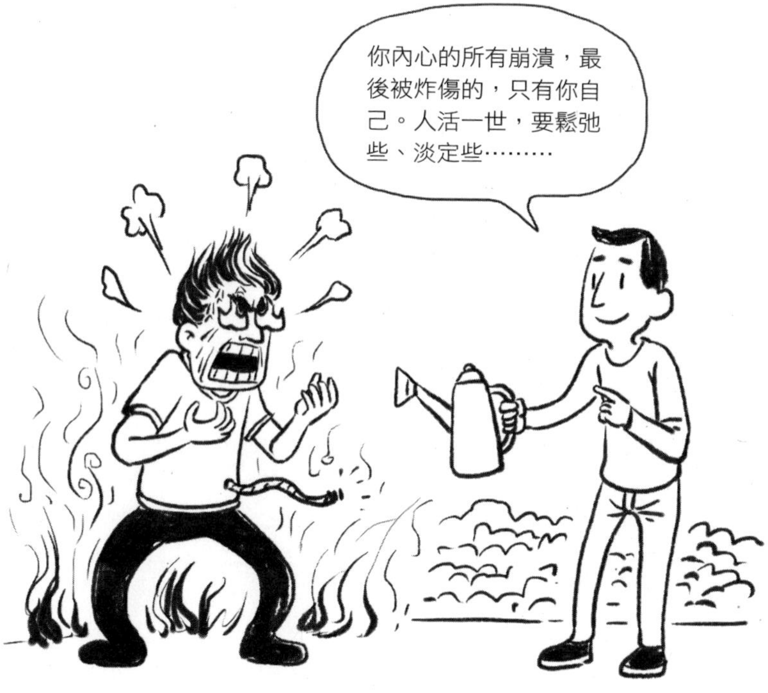
你內心的所有崩潰，最後被炸傷的，只有你自己。人活一世，要鬆弛些、淡定些………

怎麼看一個人是不是「潛力股」？最簡單的方式，是看對方是不是一個情緒穩定的人。無論是尋找人生的另一半，還是尋找事業的合作夥伴，**找情緒穩定的人，永遠沒錯**。

一個情緒穩定的人，即便遇到人生的低谷，他們也能更容易地走出來，邁向高峰。

戰國策士蘇秦原本窮困潦倒，甚至一度被家人視為百無一用。他數次奔走各國求職，卻均被拒之門外。但他即便遭遇再多的坎坷，也能夠從容應對，並不斷提升個人的能力。最後水到渠成，蘇秦提六國相印，名垂青史。

情緒穩定不僅是個人成功的重要因素，也是抵禦外界壓力、克服困難的關鍵能力。一個能夠控制自己情緒的人，能夠更好地面對挑戰，做出理智的決策，保持個人的內心平和，從而在各種環境中表現出強大的內在力量。

三觀沒有標準，天鵝與烏鴉在一起飛，就是原罪

無須強求他人贊同，也不用強行改變自己去迎合他人。每個人都有自己專屬的衡量度，沒有受到一個人的認同，並不是你做得不對，而是你的刻度不在對方的標杆上。

有的人在你看來只會吹牛，滿嘴充斥著假大空；但放在另外一些人眼裡，這就是有信念感的表現。

有的人在你看來懶惰，做事效率低，對所有工作都敷衍了事；但放在另外一些人眼裡，他鬆弛感滿滿。

不管是在職場還是在生活中，這種情況屢見不鮮。我們不需要跟三觀不同的人苦苦糾纏，**跟不同類的人在一起，這本身就是最大的錯誤**。

人生苦短，不如勇敢地做自己，哪怕這意味著要面對孤獨和不解。最終你會發現，那些真正欣賞你、懂你的人，自然會被你獨特的光芒所吸引，無須刻意，自成一派。

說高處不勝寒的人都在半山腰，真正在高處的人懶得和你說話

高處不勝寒，他那麼高大，一定又冷又寂寞。
操心這個幹什麼？他甚至都看不到我們。

一瓶子不滿、半瓶子晃蕩的人，往往更喜歡討論成功的負面影響，而真正處於頂尖位置的人則專注於他們的事業，無暇顧及旁人的議論。

成功和地位帶給人的真實體驗，常常與外界的假設不符。農婦認為皇后娘娘早上起來就吃柿餅，中午想吃多少蛋炒飯就吃多少，其實這只是她的臆想。而真正的皇后娘娘，自然不會把柿餅當成美味，也不會把蛋炒飯當成珍饈。

沒有成功的人常常會安慰自己：「成功者也是要付出代價的，甘於平淡就無須付出那些代價。」但真正成功的人往往不會停留在討論成功的代價上，而是繼續前行，追求更高的目標。我們始終要記得，對於成功的真正理解，應來自那些真正經歷過的人，而非那些只觀望的旁觀者。

你可以讓別人知道你的憤怒，但不能讓別人看到你的憤怒

師父，這些鳥為什麼要離這座山這麼遠？
因為這是一座火山，雖然外表普通，但不怒自威，真正的強大永遠不是虛張聲勢，而是由內散發。

知道你憤怒的人，會因為不知道惹你憤怒的代價而謹慎；看到你憤怒的人，會因為看清了惹你憤怒的後果，開始在心裡悄悄盤算「值不值」——他已經成為你潛在的敵人。所以，在表達不滿或憤怒時，控制情緒展現的方式比單純的情緒爆發更為有效和成熟。

中國古代的政治家和哲學家在處理人際關係和社會衝突時，經常強調「中庸」的重要性，**喜怒不形於色，是頂級的情緒表達**。

真正的強大，不是從不憤怒，而是能在憤怒之後依然選擇理性與寬容。讓別人知道你的憤怒，是維護自我邊界的勇氣。

在憤怒和衝突的情況下，要明智地表達情緒，而不是讓情緒失控地表現出來，是一種更為高效和受尊重的溝通方式。這種策略不僅能夠保持個人的尊嚴和形象，還能在複雜的人際交往中保持更大的影響力。

乞丐不會嫉妒百萬富翁，
但一定會嫉妒收入更高的乞丐

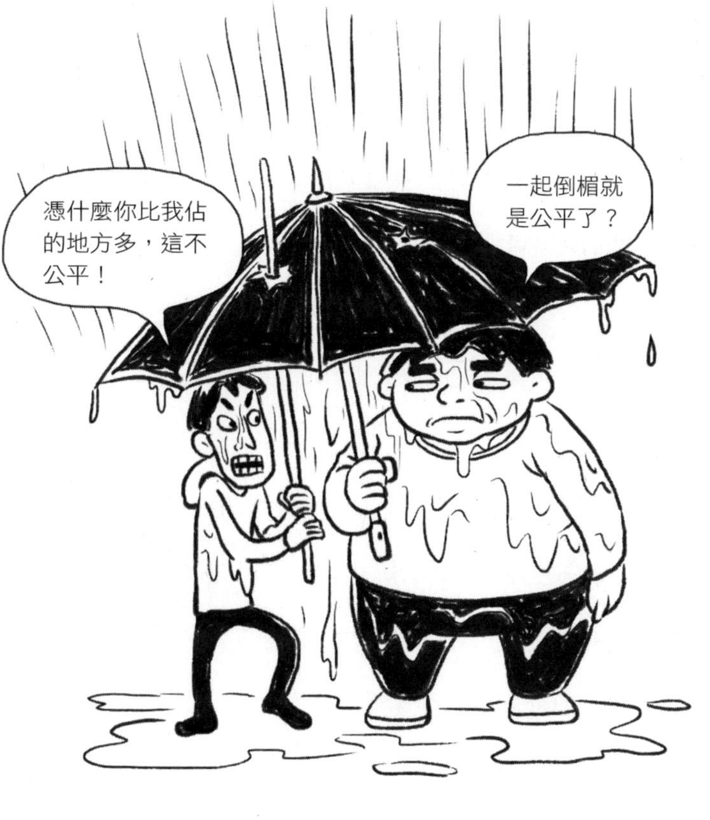
憑什麼你比我佔的地方多，這不公平！
一起倒楣就是公平了？

心理學上有個「參照群體理論」，指的是：個體在評價自身時，傾向於選擇與自己相似或相近的人作為比較對象。

百萬富翁的奢華生活，對乞丐而言，只是遙不可及的夢，但身邊那個多討得幾個銅板的同行，卻能輕易觸動他內心最敏感的那根弦。

就像在職場中，一個員工往往會與同一部門的其他員工比較薪資和晉升機會，而不太可能對與公司高層的差異感到不滿。這是因為他們認為與自己職位相近的同事才是最公平的比較對象。人們的嫉妒和不滿，往往來源於對那些與自己處境相似，但比自己更成功的人進行比較。

何苦呢？**人生的路，只會越比越窄**。放下無謂的比較，珍惜身邊人、眼前事，才能活在當下，並獲得物質上的富足和精神上的滿足。

變過的心永遠不可能只變一次

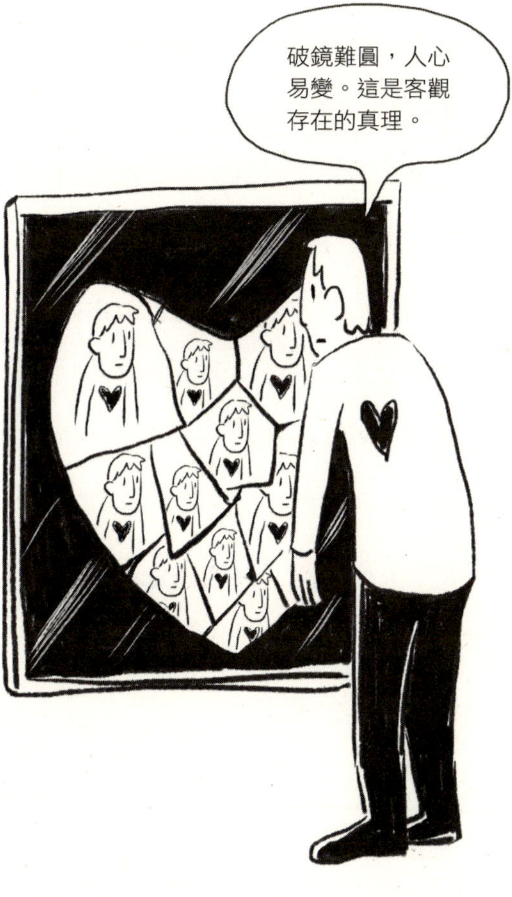
破鏡難圓，人心易變。這是客觀存在的真理。

呂布，三國第一猛將。先拜丁原為義父，後來殺死丁原，投靠董卓，當了董卓的義子；在董卓麾下，受他人離間，又殺死董卓……

最終，呂布敗在曹操手下。白門樓上，呂布對曹操說：「我的武力加上你的智力，天下誰能抵擋？」意思是，他想加入曹操陣營。曹操詢問劉備的意見，劉備沒有正面回答，而是說：「你還記得丁原和董卓嗎？」

曹操頓時明白了一個道理——**對於有些人來講，善變是一種骨子裡的天性**。於是，曹操殺死了呂布。

破鏡難圓，何況人心。

大多數人的心靈和情感狀態並非固定不變，一旦發生了某種變化，這種變化往往是持續的、多層次的，而且可能伴隨著更多的轉變。人們的心靈和情感狀態可能因一時的衝動、長期的積累或突發的變故而發生不可預知的變化。

我們只需要知道一件事就好——善變的人不可能「不變」，不善變的人，倒是可能會變得善變。

人類的悲歡並不相通

你總說——沒人理解我！

可是，你又能理解誰？

理解，本來就是人世間的奢侈品。人類有著相似的生理結構和基本情感，但在具體的情感體驗上，每個人都是獨一無二的，很難完全理解和共鳴他人的悲喜。

每個人的生活經歷、性格特質、價值觀，以及所處的社會環境都各不相同，這些因素共同塑造了每個人獨特的情感世界。因此，面對同一件事物或同一個情境，不同的人可能會有截然不同的情感體驗和反應。

在社會交往中，我們扮演著不同的角色，這些角色往往要求我們以特定的方式表達情感。有時，為了維護社會和諧或避免衝突，我們可能會選擇隱藏或壓抑自己的真實情感，這進一步加劇了人與人之間的情感隔離。所以，我們**無須苛求他人的理解，也不要試圖完全理解他人**，這才是成熟的心態。

耽誤你的不是運氣和機會，而是你的優柔寡斷

船家，你先走吧，船上人太多了，我等下一艘。
公子，這是最後一艘船了，你再不上，可就沒載你的船了。

勇敢者享受世界，猶豫者一敗塗地。

猶豫者抱怨好運總是繞道而行，卻忘了自己才是放走機遇的罪魁禍首。他們眼高手低，既不願付出努力，又渴望大富大貴；他們猶豫不決，既不願承受失敗，又希望功成名就。**當他們還在舉棋不定時，已然滿盤皆輸**。

太多人與成功失之交臂，不是因為沒有機會，而是機會擺在面前，卻前怕狼後怕虎，把大好時機拱手讓人。

想要創業，但每當準備付諸實踐時，又會擔心資金不足、市場不接受、競爭對手太強等種種問題。而當下定決心時，市場已被他人佔據。

機會與挑戰歷來共存，但最大的挑戰，就是你敢不敢抓住機會。

想到，做到，才能辦到；能打，能拚，才能成功。

猶豫比失敗更可怕，因為一個是輸一輩子，而一個可能只是輸一次。

人最愚蠢的，就是常常安慰那些比他們過得好的人

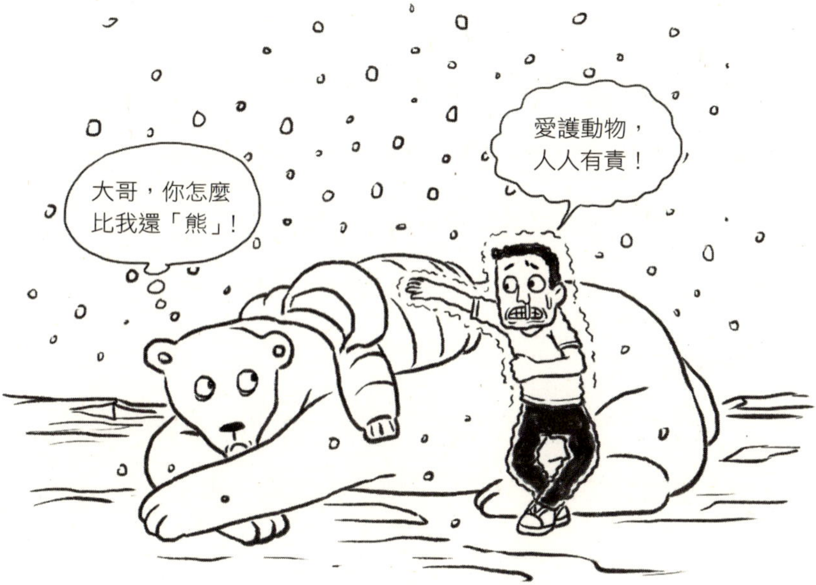
大哥，你怎麼
比我還「熊」！
愛護動物，
人人有責！

世上最可笑的，莫過於那些將個人生活過得一地雞毛的人，卻總愛向那些站在雲端之上的人拋灑廉價的同情與安慰。

那些開著豪車、穿著名牌的「苦命人」，剛感嘆一聲生活的艱辛與不易。周圍的「好心人」便爭先恐後地獻上自己的理解與關懷，彷彿這樣就能減輕他們那微不足道的煩惱，從而討得他人歡心。

上位者建立友誼的方式是各取所需，他們不需要廉價的安慰，更不需要廉價的人脈。安慰過得比自己好的人，除了徒增笑柄外，對個人的生活並無裨益。

如果你的關心真的用不完，不如將它們贈予真正有需要的人。內心真正強大的人，不在於為強者錦上添花，而在於為弱者雪中送炭。

所謂智慧，是在**認清生活的真相後**，**依然熱愛生活**；所謂慈悲，是把溫暖傾注於陽光照不到的陰冷角落。

每當你發現自己和大多數人站在一邊，你就該停下來反思一下

盲從多數人的意見，就等於一隻腳踩進了陷阱之中。很殘酷，但也很現實——真理，往往掌握在少數人手裡。

春秋時期，如果趙武靈王選擇隨波逐流，跟當時大部分人站在一邊，那就絕不會有趙國稱霸。

16世紀，如果哥白尼選擇相信被普遍接受的「地心說」天文學理論，也就不會有後來的科學革命。

著名的企業家埃隆·馬斯克在創建特斯拉和SpaceX（太空探索技術公司）時，面對無數質疑和反對聲，他如果盲從主流觀點，便不會改變汽車和航太工業。

獨立思考的重要性在於能幫助我們發現真理，推動進步。

我們時刻都面臨各種群體壓力和主流觀點的影響。許多人因為害怕與眾不同而不敢提出自己的想法，結果導致人生失去活力。

敢於挑戰權威，才能不斷進步。人不進，則退。

一般人說謊的原因並不是想欺騙人，而是想欺騙自己

老大，你這辦法果真不錯，我現在什麼都看不見，別人一定也看不見我！
當然，否則為什麼我是老大，而你只能當小弟。
BANK

閉上眼睛不去看，不代表事情不會發生；堵住耳朵不去聽，不代表能堵上別人的嘴巴。

春秋時期，晉國世家趙氏滅掉了范氏，有一賊人想趁亂撈點油水，他跑到范家後發現一座精美大鐘，但一個人搬不走。於是他想把大鐘砸成碎塊，再用麻袋裝回去。但砸鐘的聲音太大，他怕別人聽見鐘聲會來與他爭奪，就忙摀住自己的耳朵。

他以為自己聽不見，別人也一定聽不見，就放心大膽砸起鐘來。結局可想而知，人們聽到鐘聲便蜂擁而至，將其捉拿歸案。

自欺欺人者，無一不下場悲慘。欺騙他人不僅是道德上的錯誤，更是對自己的傷害。

有太多人，在學校耍小聰明騙老師；進了社會耍小聰明糊弄上司。然而，騙來騙去騙到最後，受到損失的還是我們自己。

欲求生富貴，須下死功夫。騙人騙己，亦是害人害己。

損著別人的牙眼，卻反對報復，主張寬容的人，萬勿和他接近

你活得不耐煩了！敢踩我！
莫生氣，被人欺負了千萬不要生氣，這可是你剛才教我的。

世界上最可恨的，既不是仇人，也不是敵人，而是偽善的人。這種人往往以道德的名義掩飾自己的惡行，不僅傷害他人，還試圖利用寬容來逃避責任。

面對偽善者，我們要有清醒的認知，不能被其虛偽的言辭所迷惑。他們打著「為你好」的旗號，實則損人利己。

有些同事在背後搞小動作，卻在表面上宣導團隊合作和寬容。這種人不僅不會帶來正面影響，反而會破壞團隊的和諧和信任。

著名企業家稻盛和夫在創業初期，曾遇到過一位合夥人，此人表面上宣導合作共贏，實際卻在暗中損害公司的利益。稻盛和夫識破了對方的偽善，果斷終止合作，最終帶領公司走向成功。

我們要保持清醒的頭腦，不因對方的高談闊論而妥協，不被偽善者的花言巧語所左右，才能在複雜的人際交往中立於不敗之地。

只有小孩子才會問喜不喜歡我，成年人的疏遠都是默不作聲的

師父師父，
什麼是分別？
分別啊……就是在一個
平靜的午後，他披了件
衣服出門，從此再也沒
有回來。

成年人交際的潛規則，就是不要問，問了就是不懂規矩。人這一生會遇到800多萬人，會跟近4萬人打招呼，會和3000多人有所交集，會與近300人擁有親密關係，但他們最終都會失散在人海。十年修得同船渡，但如果一個人要離開，僅需一秒鐘，他便會消失在茫茫人海。

人生如逆旅，忽如遠行客。**成年人的走散，往往都無聲無息**。人與人的關係是寶貴的，但又是脆弱的。

我們都在猜測對方是否會想自己，我們都在心裡期待著對方先主動，於是我們各懷心事，最後我們漸行漸遠。

與其把寶貴的時間浪費在無謂的爭執上，不如用沉默表達自己的態度。至於那些離開的就讓他離開，不執著於天長地久，曾經擁有過便好。

人生最怕碌碌無為，還安慰自己平凡可貴

山上的風景雖好，但路也太難走了。
是啊，還是下坡路走著舒服，那些美景不看也罷。

大多時候，「平凡」二字從人們嘴裡說出來，不過是給自己的懶惰與平庸找的一塊遮羞布。太多人日復一日，年復一年，在庸庸碌碌中消磨著青春，卻還自欺欺人地告訴自己：「這就是生活的真諦，平凡即幸福。」

真正的平凡，是歷經風雨後的淡然，是努力過後的無悔。我們害怕失敗，畏懼挑戰，於是選擇了一條看似安穩實則荒蕪的道路，**用「平凡可貴」來麻痺自己，實則是對生命最大的浪費**。

誠然，大多數人終其一生，都只能是個平凡人，但做人絕不能甘於平庸，要有向上、求精的勁頭。若是喪失了向上的動力，那只能不進則退，到時候等待我們的恐怕不是平凡，而是墮落。

當你為愛情而釣魚時，

要用你的心當作餌，

而不是用你的腦筋

看到沒有，魚兒上鉤了，我有預感，這次一定是美人魚！
省省吧，愛這東西，我更相信願者上鉤，靠身外之物吸引來的「愛情」，恐怕不會那麼美好。

將心比心，以心換心，是增進親密關係的不二良方，當你絞盡腦汁想要操控對方時，就已經落了下乘。真正的愛情源自心靈的共鳴和真情的投入，而非理智的算計和策略。

司馬相如初見卓文君時，便用自己的琴聲打動了她的心。儘管司馬相如當時貧困潦倒，但卓文君被他的才華和真情所感動，毅然決然地與他私奔，過起了艱苦但幸福的生活。這段愛情之所以動人心弦，正是因為司馬相如用心去愛，而非用頭腦去算計。

過多的理智和算計，反而會讓愛情失去本質。許多人在戀愛中過於關注對方的經濟條件、社會地位等外在因素，忽略了內心的感受和真情的投入。這樣的愛情往往難以長久，因為缺乏真正的情感基礎。

想要獲得真愛，我們首先要真誠地對待每一段感情。只有真心付出，才能換來對方的真情回應。

天下沒有偶然，那不過是化了妝的、戴了面具的必然

所謂的「偶然」往往是我們尚未理解的「必然」。萬事萬物的成和敗均非偶然。所有成功的背後，都有著我們看不見的辛勤努力、下達正確決策時的魄力和能洞察時機的眼力。

一位企業家創業成功，並不是因為某次幸運的投資，而是依賴於他長期的市場研究、敏銳的商業嗅覺和不斷地創新。這便是我們常說的量變引起質變。

著名科學家愛迪生在發明電燈時，經歷了無數次失敗。許多人認為他的成功是一次偶然的發現，但實際上，這一切背後是他長期堅持實驗、不斷改進技術和不懈努力的結果。

唯有不迷信偶然，方能掌控命運。透過培養洞察力和長期的積累，然後再朝著一個目標持續奮進，便能實現持久的成功和發展。

我們對採摘不到的葡萄，不但想像它酸，也很可能想像它是分外的甜

大家再忍一忍，再行五十里就有一片梅子林，抵達後，大家都能吃個痛快！
別說了……吃那麼多梅子，我的牙都要酸掉了！

城裡的人想出去，城外的人想進來。人們在面對無法獲得的事物時總是極端的，不是將得不到的「葡萄」想像得太酸，就是將它想像得太甜。

人生在世，最重要的是活在當下，明白**身邊人才是最好人，身旁事才是最好事**。而不是一山望著一山高，如此只會讓人陷入無止境的痛苦與內耗中。

當一些朋友未能獲得如願的工作時，往往會自我安慰：「也許那裡並不如想像中那麼好。」但另一方面，他們也可能會幻想：「如果我在那裡，一定會有更好的發展。」這種心理機制雖能在一定程度上緩解失落感，但自我麻醉的藥效過後，不必要的遺憾和執念會再度加倍襲來。

無論何時，我們一定要保持理性和客觀的態度，既不盲目貶低，也不無謂美化。在面對無法獲得的事物時，與其幻想其美好，不如專注於當前的機會和資源，努力提升自己的能力和水準，尋找內心的滿足感和成就感。

東西是拿來用的，人是用來愛的

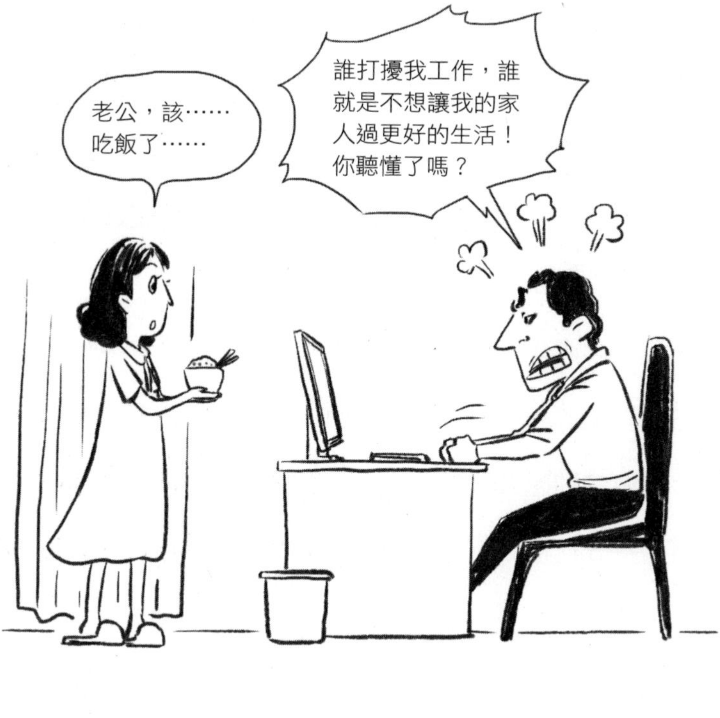
老公，該……
吃飯了……
誰打擾我工作，誰就是不想讓我的家人過更好的生活！你聽懂了嗎？

把人當作工具，把東西視為情感寄託。這一誤區不僅損害了人際關係，還讓人變得冷漠和功利。

晉朝時期，陶淵明不為五斗米折腰，棄官歸隱，過起簡樸的田園生活。他重視人與人之間的真摯感情，與親友鄰里相處融洽，從不以物質得失為念。

他在〈歸園田居〉中寫道：「結廬在人境，而無車馬喧。」這種淡泊名利、重視人情的生活態度，使他成為一代高士。

很多人為了追求物質上的成功和滿足，往往忽視了與親友的關係。有太多人為了事業拚搏，忽略了與家人的相處，導致家庭關係緊張，自己也身心俱疲。

把人當作工具、把東西視為情感寄託的做法，最終只會給自己帶來孤獨和不幸。**物質是為我們服務的工具，而不是我們情感的寄託**。要學會知足常樂，不為物質的得失而困擾。

所有傷害你的人，都是故意的。
他們之所以能夠傷害你，
是因為早已在心裡權衡了利弊

每個人心裡都有一桿秤

人都是看「臉」的。如果你的臉上寫滿了老實，別人就會來欺負你；如果你臉上寫滿了能力，別人就會排擠你；如果你臉上寫了大大的「寬容」二字，別人又會心安理得地佔你便宜。

你的善良和退讓大多數時候反而會成為別人的突破口。正因為如此，我們必須把自己的善良當成奢侈品，不能輕易予人。

人與人之間的關係，很多時候都敗給了「我以為」。我以為對方會懂得我的善意；我以為我的退讓能換來和平；我以為自己能感化對方。然而，現實卻往往相反，對方會把你的善良當成得寸進尺的默許。

在成年人的世界裡，絕不能輕易暴露自己的弱點和隱私，對那些曾經傷害你的人保持警惕，不再給他們傷害你的機會。透過這樣的方式，我們才能在複雜的人際關係中立於不敗之地，真正實現自我保護和自我成長。

層次越低的人越喜歡反駁，所以對付蠢人，恭維他就好了

回來！
前面危險！
這種人真是九頭「我」都拉不回來啊……
別騙我了！
你們就是不想讓我發財！

低層次的人透過反駁他人來證明自己，反映了他們內心的自卑和認知的局限。面對這種人，與其浪費時間和精力爭辯，不如透過恭維來避免無謂的衝突和麻煩。

司馬懿深諳權謀之道。他面對曹爽這種喜歡反駁和表現自己的人，並沒有直接對抗，而是以恭維和順從的態度麻痺對方。最終，曹爽自取滅亡，司馬懿隱忍取勝。

面對層次較低、喜歡反駁的人，不必與其爭論。爭論不僅浪費時間，還可能引發不必要的衝突。

職場中，有些同事喜歡在會議上頻繁反駁他人，試圖透過打壓他人的意見來抬高自己。與其與他們爭論，不如巧妙地恭維他們，**避免無謂的爭吵，從而把精力集中在更重要的事情上**。

恭維並不意味著虛偽，而是一種溝通技巧，可以在不傷害他人自尊的前提下解決問題。例如，在工作中，如果遇到喜歡反駁的上司，不妨先肯定對方的意見，再巧妙地提出自己的看法，這樣既避免了直接衝突，又能有效地表達自己的觀點。

在聰明人面前自嘲，會被欣賞；在蠢人面前自嘲，他會當真

初次見面，我沒什麼文化，今後還請多多指教。
哈哈哈，聽見沒有，堂堂大詩人竟然是個草包。

聰明人懂得自嘲背後的深意，那是一種自我解嘲的幽默，是對人生不完美的坦然接受，更是對自身能力邊界的清醒認知。他們從中看到的，是你的勇氣與自信，是對生活態度的獨特詮釋，自然報以會心的微笑與由衷的讚賞。

然而，蠢人缺乏那份洞察世事的敏銳與包容萬象的胸懷，他們會將你的自嘲誤解為真實的自我貶低，甚至以此為把柄，肆意嘲笑。這不僅是對你的情感的無視，更是對智慧與善意的褻瀆。

自嘲需謹慎，選對聽眾更為關鍵。在這個複雜的社會舞台上，願你我有足夠的智慧去分辨，何時該以自嘲為劍，劃破沉悶；何時又需收斂鋒芒，避免自己成為那被誤解的「小丑」。畢竟，真正的智慧，在於懂得何時該笑，何時該沉默。

要是你什麼都能原諒，那你經歷的都是不幸

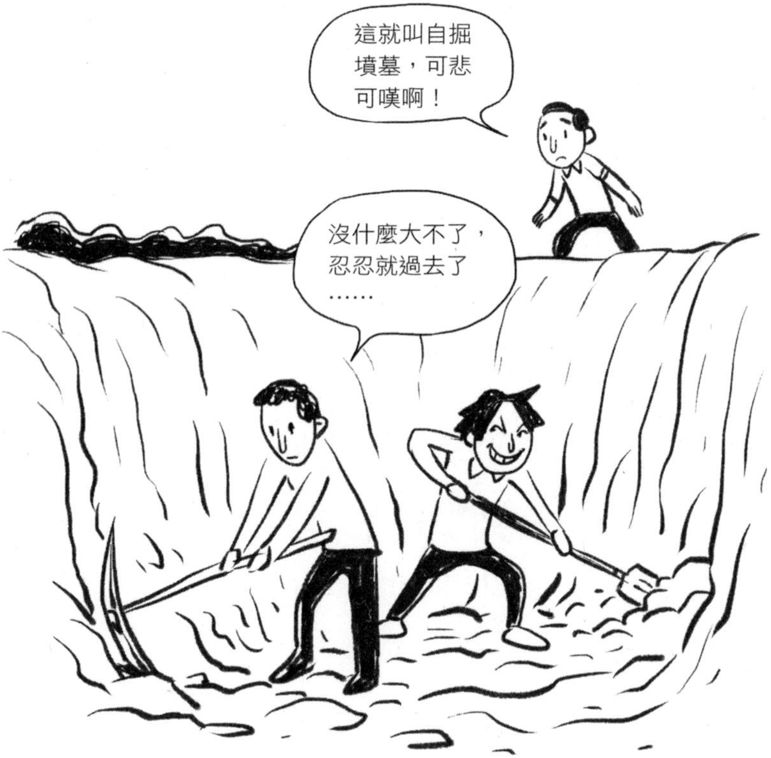
這就叫自掘墳墓，可悲可嘆啊！
沒什麼大不了，忍忍就過去了……

面對傷害與背叛，選擇原諒，本是一種高尚的情感修為，是對過往恩怨的釋懷，也是對未來和平的期許。但「什麼都能原諒」，卻成了一種無原則的退讓，一種對自我價值的忽視。

東郭先生無底線的退讓，才導致了餓狼步步緊逼的兇狠；你的無條件寬恕，才使得他人一次次對你進行傷害。**善良不帶鋒芒，便是怯懦**。

真正的原諒，應當建立在界限與尊重之上，是對錯誤的深刻反思，而非盲目地容忍與妥協。我們要在寬容與堅守之間找到那個微妙的平衡點。學會原諒，但絕不縱容；擁抱善良，也要懂得保護自己。畢竟，每一次的經歷，都是生命賦予我們的寶貴財富，值得我們以更加成熟和理智的態度去面對。

禮貌，是聰明人想出來的與愚人保持距離的一種策略

對不起。
明明是我罵他，他為什麼要道歉？
趁他現在還有理智，趕快走，真要是把他惹急了，他身後那把劍可不是吃素的！

聰明人的禮貌跟老好人的客氣並不是一種東西，對於手段高超的人來說，**禮貌是一把拿捏人際交往的利器**。

老好人的客氣，往往源於一種不願得罪人、希望保持和平的心態。相比之下，聰明人的禮貌則是一種更為精細、更有策略的社交行為。

聰明人可以透過禮貌來甄別對方的真實意圖，同時為自己樹立一個令人拿捏不定的高人形象。

在你與人發生爭執時，是你「破防」後的大喊大叫會令人害怕，還是你一個風輕雲淡的微笑會更令人畏懼？

當你不想與愚者為伍時，只要時刻保持禮貌，自然而然便能與其涇渭分明；相反，當你想與智者攜手共進時，時刻保持禮貌，也能快速拉近你們的距離。

正所謂：「道不同，不相為謀。」學會用禮貌武裝自己時，你就走上了通往成功的康莊大道。

成大事者慢半拍，
你的每一個細微選擇，
都將在自己的未來刮起風暴

你還不快點跑！
我們都要掉隊了！
你在別人的人生路上跑那麼快做什麼？自己的路，要看準了再走。

決策快慢的區別在於：

快決策用的是感性，是潛意識裡的決斷，或者說，善於快速決策的人，靠的是「靈感」。

慢決策用的是理性，是經過層層考量之後的判斷，習慣於慢決策的人，靠的是「邏輯」。

人在一窮二白之際，「大幹快上」沒問題——贏則一步登天，先把眼前利益抓住再說，不用考慮太遠；輸則一無所有，但由於沒有什麼好失去的，所以這類人不怕輸。

但對於已經有了一定積累的人而言，不能因為求快而忽視風險，因為他們最重要的任務不是尋求增長點，而是保障基本盤，這個時候，就要求他們克制自己的冒險衝動，放下對眼前利益的狂熱追捧，深思熟慮之後再做決定。所以，成大事者慢半拍的真正意思是：做可能帶來深遠影響的重大決策時，不能急，一定要考慮周全，「慢決策」。

即使閉起嘴看起來像個傻瓜，也比開口讓人家確認你是傻瓜來得強

你的口不擇言，只會化作子彈，命中你自己的眉心。可悲，可嘆啊……
反彈

很多時候，**沉默並不是一種無能或無知的表現，而是代表著深思熟慮，代表著高瞻遠矚**。

當我們對某件事不夠瞭解，或者對某種情境的分析不夠明確時，貿然開口往往只會暴露我們的弱點。如果我們選擇沉默，雖然可能會暫時給人留下「愚笨」的印象，但至少我們不會造成無法挽回的錯誤和尷尬。

試想，三國時期的楊修，屢次自鳴得意，開口道明曹操心意，最後反招致殺身之禍的行為，到底是聰明還是愚笨呢？以史為鑑，在競爭環境日益嚴峻的當下，我們隨便說出的一句話，都可能成為他人攻擊、利用的突破口。

如果我們總是滔滔不絕地發表自己的見解，那麼我們的弱點和軟肋也將暴露無遺。而如果我們學會適時地沉默，就可以有效地掩蓋自己的真實意圖和實力，讓自己在複雜的人際關係中更加遊刃有餘。

快樂是一種香水，

無法倒在別人身上，

而自己卻不沾上一些

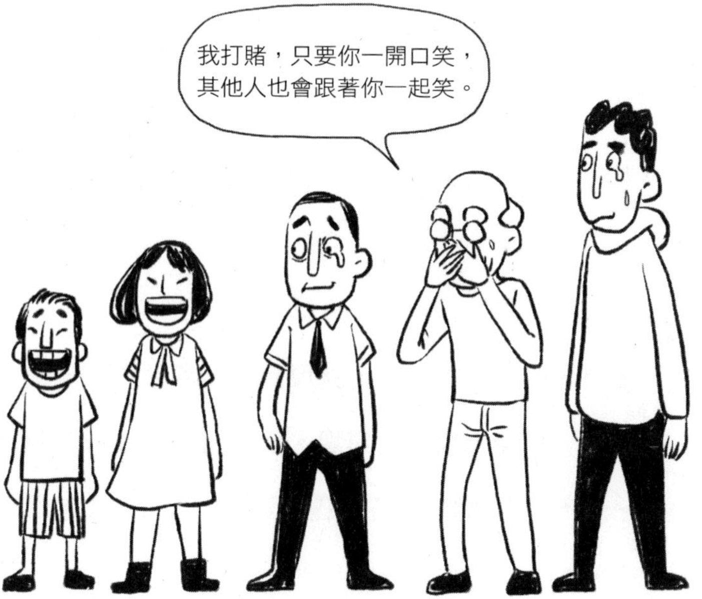
我打賭，只要你一開口笑，其他人也會跟著你一起笑。

世上唯有快樂會越分享越多，培根說過：「如果你把快樂告訴一個朋友，你將得到兩倍快樂。」

獨樂樂，不如眾樂樂。分享快樂，不僅能讓自己感受到的快樂加倍，還能提升自身氣場。氣場是可以被感知的，別人感知到的氣場是積極的、友好的、真誠的，自然願意親近和善待這個人。

一個積極向上的員工不僅能提高自己的工作效率，還能透過正能量影響同事，營造積極的工作環境。這種快樂的傳遞，不僅讓他自己更加愉快，也提升了整個團隊的士氣和凝聚力。

有多少種個性，就有多少種不同類型的氣場。你自信、張揚，喜歡追求自我、展現自我，那麼不管在什麼場合都有「掌控全場」的氣場。這樣的氣場蘊含著強烈的能量，生命力滿格，極富感染力。

天機 / 陳旭著. -- 初版. -- 臺北市：春天出版國際文化股份有限公司, 2025.09
面 ; 公分. -- (Better ; 52)
ISBN 978-626-7735-59-6(平裝)

1.CST: 格言

192.8 114011307

天機

Better 52

作　　者◎陳旭
總 編 輯◎莊宜勳
主　　編◎鍾靈
出 版 者◎春天出版國際文化股份有限公司
地　　址◎台北市大安區忠孝東路4段303號4樓之1
電　　話◎02-7733-4070
傳　　真◎02-7733-4069
E－mail◎frank.spring@msa.hinet.net
網　　址◎http://www.bookspring.com.tw
部 落 格◎http://blog.pixnet.net/bookspring
郵政帳號◎19705538
戶　　名◎春天出版國際文化股份有限公司
出版日期◎二〇二五年九月初版
定　　價◎299元

總 經 銷◎楨德圖書事業有限公司
地　　址◎新北市新店區中興路2段196號8樓
電　　話◎02-8919-3186
傳　　真◎02-8914-5524
香港總代理◎一代匯集
地　　址◎九龍旺角塘尾道64號 龍駒企業大廈10 B&D室
電　　話◎852-2783-8102
傳　　真◎852-2396-0050

ISBN 978-626-7735-59-6

九十九句處世箴言，開悟有門進階有道

直擊靈魂的世界真相，為人處世的金科玉律

天機

天 機 可 露　　世 事 能 明

字 裡 行 間　　句 透 人 生

陳旭